D1727830

Hildesheim sammelt

53 Sammlungen zur Alltags- und Hochkultur

Die Deutsche Bibliothek - CIP-Einheitsaufnahme

Hildesheim sammelt : 53 Sammlungen zur Alltags- und Hochkultur /
[bearb. am Institut für Medien- und Theaterwissenschaft der Universität Hildesheim
unter der Leitung von Hans-Otto Hügel durch Kerstin Döring ... Fotos: Jan Ketz].
1. Aufl. - Hildesheim : Gerstenberg, 1999 - ISBN 3-8067-8573-2

Hildesheim sammelt. 53 Sammlungen zur Alltags- und Hochkultur.

Bearbeitet am Institut für Medien- und Theaterwissenschaft der Universität Hildesheim
unter der Leitung von Hans-Otto Hügel in Zusammenarbeit mit dem Roemer- und Pelizaeus-Museum und dem Institut für Bildende Kunst und
Kunstwissenschaft (Abteilung Fotografie) der Universität Hildesheim
durch Kerstin Döring, Carolin Ferres, Katja Hartloff, Miriam Heine, Jan Ketz, Sabine Kuse, Julia Linder,
Ina Müller, Christine Raudies, Vera Silke Saatweber, Johanna Schumann, Dorle Voigt, Gudrun Wille, Sonja Zimmer

Fotos: Jan Ketz
Layout: Kerstin Döring, Christine Raudies
Redaktion: Miriam Heine, Julia Linder, Sonja Zimmer
Umschlagillustration: Hildesheim, spätes 18. Jahrhundert, nach einem kolorierten Kupferstich aus der
Sammlung B. Doht

Verlag Gebrüder Gerstenberg, Rathausstraße 18-20, 31134 Hildesheim
1. Auflage 1999
ISBN 3-8067-8573-2

Gerstenberg Druck & Direktwerbung GmbH

Inhalt

Vorwort

Das hier vorgestellte Projekt des Studiengangs Kulturpädagogik, das von Prof. Dr. Hans-Otto Hügel geleitet wurde, scheint zunächst Selbstverständliches zu bestätigen: Viele Menschen in Hildesheim und Umgebung sammeln - die unterschiedlichsten Dinge in unterschiedlicher Intensität. Überraschend und neu sind die hier vorgelegten Ergebnisse der Recherche jedoch, weil sie ein breites Spektrum individuellen Suchens und Findens von selbstbestimmter Lebensqualität konkret dokumentieren. Im Mikrokosmos Hildesheim werden Chancen und Grenzen der Möglichkeit von Selbstverwirklichung in der Konsum- und Informationsgesellschaft greifbar. 53 sensibel gesammelte Sammlerporträts zeigen Menschen, die Wege gefunden haben, ihre individuellen Interessen sinnvoll zu entwickeln und kreative Nischen im Recyclingprozeß der Wegwerfgesellschaft zu entdecken und auszubauen. Bemerkenswert ist, daß sich diese Interessen in fast gleichem Maße auf die Hochkultur und die Alltagskultur richten.

Das Projekt „Hildesheim sammelt" ist ein „Stadtporträt" der besonderen Art. Für seine Präsentation ist das Stadtmuseum daher der richtige Ort.

Das Projekt dokumentiert auch die gute Zusammenarbeit zwischen dem Roemer- und Pelizaeus-Museum und dem Studiengang Kulturpädagogik der Universität Hildesheim. Seit meinem Amtsantritt 1984 sind im Museum Am Steine oder im Stadtmuseum zahlreiche Ausstellungen realisiert worden, die von Lehrenden und Lernenden des Studiengangs Kulturpädagogik initiiert oder maßgeblich mitgestaltet wurden. Dieser Studiengang hat wesentlich zum Profil des Museums beigetragen, und ich freue mich, wenn die gute Kooperation auch in Zukunft fortgesetzt werden kann.

Zum Schluß möchte ich allen danken, die diesen Katalog und die Ausstellung ermöglicht haben. Zuvorderst den Sammlerinnen und Sammlern, ohne die es weder die Ausstellung noch das Buch gäbe, weiter dem Gerstenberg Verlag für die verlegerische Betreuung, dem Landschafts Verband Hildesheim e.V. für einen großzügigen Druckkostenzuschuß und Herrn Daniel Salber für das Nachdruckrecht an seinem Beitrag.

Manfred Boetzkes M.A.
Direktor des Roemer-Museums

Über das Sammeln

Daniel Salber
Erfahrung Sammeln

Sammler über Sammeln

Es ist immer ein bedeutsamer Moment, in dem der freundliche Sammler dem Fremden seine *Werke* offenbart. Selbst wenn der Sammler ein nüchterner oder gar selbstironischer Mensch ist, kann er sich eines gewissen Stolzes bei der Einweihung des Besuchers in seine Sammlung nicht erwehren. Doch so gerne er auf der einen Seite sein Gesammeltes zeigt, so möchte er andererseits auch nicht zu viel zeigen - weiß man doch nie, wem man seine Schätze aufschließt und vor wem man sich in der Gestalt seiner Sammlung bloßstellt. Eine vorsichtige Präsentation ist also sehr natürlich.
Ähnlich wie beim *Zeigen-und-nicht-Zeigen-Wollen* geht es auch bei den Gesprächen mit den Sammlern zu. Einerseits spricht er gerne über seine *Leidenschaft*, andererseits fürchtet er aber zu viel verraten zu können. Das hat dann zur Folge, daß die Sammler gerne und viel erzählen über die allgemeinen, sachlichen, mehr *wissenschaftlichen* Seiten der Sachen oder über das Technische der *Kunst*, während es schwerer fällt, über das *Warum* des Sammelns zu sprechen.
Man sammelt halt, weil das *interessant* ist, *Spaß macht*, oder weil ja im Menschen eine *Sammel-Leidenschaft* angelegt sei. Wenig möchte der Sammler auch über die Gesichtspunkte der Auswahl bestimmter Stücke oder des Themas der ganzen Sammlung sagen. Gesammelt wird, was *schön* ist, was aber *noch nicht dabei* ist, man würde gerne alles *vollständig* haben - obwohl es hierfür weder perfekte Gesichtspunkte noch die Möglichkeit gibt. Von ästhetischen oder materiellen Kriterien beim Sammeln wollten dann viele Sammler gar nichts mehr wissen: nein, es ginge weder um Ästhetisches noch um Materielles beim Sammeln, eher um die Vollständigkeit der Sachen im Ganzen. Ästhetische oder finanzielle Gewinne durch Sammeln seien höchstens angenehme *Nebeneffekte*. Die meisten Sammler verstehen sich nicht als Spekulanten oder Ästheten, sondern eher als Forscher und (Er-)Finder. Allerdings finden sich neben den Liebhabern des rein *Sachlichen* auch solche des *Verrückten* und rein *Unsinnigen*.
Bei Gesprächen über Ursprung und lebendigen Hintergrund der Sammel-Tätigkeit drückte sich das Sprechen- und zugleich Nicht-sprechen-Wollen auch so aus,

daß der Sammler Geschichten erzählte, die offenbar schon mehrfach erzählt waren und ein bißchen einstudiert und zensiert klangen, so *vernünftig* reimte sich alles. Richtig zu Hause fühlt sich der Sammler, wenn er Geschichte und Wesen seiner Dinge *an sich* vorstellt, ungemütlich wird es ihm (verständlicherweise), wenn er Geschichte und Motive der eigenen Sammel-Tätigkeit beschreibt. Selbst die Frage nach dem Geschick einzelner, bedeutender Stücke innerhalb der Sammlungs-Genese beantwortete man erst nach reiflicher Überlegung, sichtlich bemüht, auch hier nicht zu viel zu verraten. So ist eine gewisse Fassadenhaftigkeit in der Rede der *Sammler über Sammeln* nicht zu übersehen. Die eigentliche Sprache des Sammlers ist seine Sammlung. - Übrigens ist ihm der Gedanke des *krampfhaften Sammelns*, des *Sammelzwangs* am unangenehmsten; damit wolle man nichts zu tun haben, wird gesagt, doch erklärt die Sammlung dann oft das Gegenteil.

Sammeln und Lebensschicksal

Die Sammlung lebt eingewoben in das Leben des Sammlers, von wo aus sie erwirkt ist und wo hinein sie umgekehrt wieder wirkt. In einer Art *Symbiose* betreibt der Sammler die Sammlung und die Sammlung den Sammler. Sie legen sich gegenseitig aus, leben von einander, wandeln (sich) miteinander. Und zwar meist von Kindheit an, so daß man als Regel aufstellen könnte: entweder wird von Kindheit an gesammelt oder gar nicht. Irgendetwas wurde schon in Kindertagen zusammengetragen, nicht die *eigentliche* Sammlung, aber doch schöne Steine, Schnecken, Gänseblümchen, Zigarettenschachteln.

Auch wenn es nicht konsequent betrieben wird, ist Sammeln als *Hang* immer schon wirksam. Die *eigentliche* Sammlung entspringt dann meist einer bestimmten, zufälligen Situation und setzt sich dann *leidenschaftlich* fort. („Da hab ich mal bei Bekannten so was gesehen, das mußte ich auch haben...") So ist schon der Ursprung der Sammlung aus **Zufall** und **Notwendigkeit** gewirkt, Zufälliges und *prinzipieller* Hang treffen zusammen im Ursprung der Sammlung. Sie wirken auch beim weiteren Aufbau der Sammlung ineinander, sie *weben* das Ganze zusammen, denn der Sammler sammelt bei günstiger Gelegenheit - aus Prinzip. Die Sammlung wächst und gedeiht, indem der Sammler ständig auf der Suche und gelegentlich fündig ist. Bei manchem Sammler funktioniert das Zusammenspiel von Zufall und Prinzip so gut, daß er den Zuwachs der Sammlung in „Stück pro Monat" anzugeben weiß.

Oft fällt dem Sammler von (nicht-sammelnden) Freunden manches Stuck als Geschenk zu; der Sammler wirkt bei den Seinigen wie ein Magnet, der Eisenspäne anzieht, die Freunde sind sicher, nichts *Unpassendes* mitzubringen und haben überdies auch, ohne selbst zu sammeln, Anteil am Gedeihen einer Sammlung. Im Austausch mit Zuträgern oder auch mit anderen Sammlern, kann Sammeln die **Vermittlung von Unterhaltung und Freundschaft** leisten („Sammlerjournal", „Sammlerbörse"). Man kann in gesellschaftliche Wirkungskreise kommen, aber es gibt auch den einsamen Wanderer, der sich durch das Sammeln selbst unterhält, wobei natürlich andere Sammler als lästig empfunden werden.

Sammeln kann Unterhaltung, aber auch Halt und Orientierung im Leben bieten. Es bringt Gestalt und damit Sinn in die andrängende Vielfalt des Lebens. Man weiß nun, was man sucht, was zu tun ist, wer man selbst ist. Das gestaltende Sammeln bildet Charakter und Eigenart; wer sammelt, gestaltet sich, indem er die Sammlung gestaltet.

Darüber hinaus eröffnet Sammeln ein weites Feld für Erlebnisse, Abenteuer (auch finanzieller Natur) und Erfahrungen. Geschichtchen und Legenden ranken sich um besondere Stücke: gewagte Eroberung, verkanntes Schätzchen, kleine Betrügerei, Lohn der Angst.

Während der Sammler an seiner Sammlung arbeitet, breitet sich die Sammlung als Mitarbeiterin am Leben des Sammlers auf sein äußeres und inneres Wirken aus - bis sie auf Grenzen stößt, die finanzieller, räumlicher oder seelischer Natur sein können. Dann wird Sammeln zur **Belastung** des *Haushalts* des Lebens. Wie also Sammeln einerseits entlastet - indem es feste Gestalt und Sinn stiftet - so kann es andererseits belasten - indem es selbst wieder ins Uferlose oder in andere Nöte führt („Wohnung voll, Konto leer, Ehefrau sauer und die Kinder halten einen für verrückt"). Der Sammler wird - statt sich die Sammlung anzueignen - umgekehrt von der Sammlung einverleibt. Die Unterstützung, die das Sammeln verspricht, verkehrt sich selbst in eine (neue) Bedrohung; das Ganze hat *tragischen* Charakter: der Held wird schuldlos schuldig.

Wie schon angedeutet, entfaltet die Sammlung ein in sich funktionierendes **Eigenleben**, das sich im Laufe der Zeit entwickeln muß (sonst *stirbt* das Sammeln). Nicht nur Menge und Auswahlkriterien wandeln sich, auch die Thematik kann sich bewegen: Keimideen entfalten umfangreiche Organisationen, das Thema legt sich aus und nun sind Ergänzungen nötig (zum Sammeln von Pistolen auch Sammeln von Kugeln), oder die gesammelten Dinge ziehen eine Sammlung von Literatur über das Gesammelte an.

Auch *unmotivierte* Ausbrüche in der Thematik sind häufig: fernliegende Gebiete werden noch *nebenbei* mitgenommen (zur Kunst auch Korkenzieher). Verwandlungen von Thema und Auswahl geschehen auch bei unerträglichen Verteuerungen; man steigt dann auf (noch) günstig zu Habendes um. Wandeln kann sich ferner die *Gesinnung* oder Tendenz während des Sammelns: aus Spaß wird Ernst, aus Persiflage Leidenschaft.

Die Eigendynamik des Sammelns führt nicht selten dazu, daß der Sammler gar nicht genau weiß, was er alles sammelt und hat; gegenüber dem Sammler-Typus, der alles sammelt, ist der Typus, der sich auf nur eines beschränkt, eine rare Erscheinung.

Dramatik im Sammelbetrieb

Sammler liegen ständig „auf der Lauer", sind immer „auf dem Sprung", um bei günstiger Gelegenheit ihr Werk zu vervollständigen. Dem Sammler, der auf *Jagd* geht, seine Sammlung zu ernähren, ist es eine Lust zu wandern von einem Stand zum andern. Das Umherschweifen im Land, das Hin- und Herwenden suchender Blicke, gefundener Sachen, notwendiger Entscheidungen gehört zum Aufregendsten und Schönsten beim Betrieb der Sammlung.

Wo ist was zu finden? Was mag das sein? Lohnt sich das? Was soll ich tun? Wohin kann ich das noch tun? Wie sag ich's meinem Kinde? In solchen Fragen dreht sich der geschäftige Sammler. Er scheint - als *Jäger* - gegenüber dem einförmigen Alltagsbetrieb wie verwandelt: der unauffällige Zeitgenosse kann zum stürmischen Eroberer werden, er sammelt sich ganz auf das erstrebte Ziel, hier kennt er sich aus, da kann er eine große Rolle spielen. Sammeln erlaubt es zugleich, die **Rollen zu wechseln**: man kann Wissenschaftler, Künstler, Landstreicher, fliegender Händler, Liebhaber, Bösewicht werden. Das Wandeln ist des Sammlers Lust. „**Umwertung der Werte**" findet auch noch in anderer Hinsicht statt: Man findet Dinge, die gewöhnlich bei alltäglichen Verrichtungen übersehen oder gar weggeworfen werden (Kronenkorken, Malstöcke, Bierdeckel), die aber in der Sammlung aufgehoben, ihre ästhetische, kulturelle oder wissenschaftliche Bedeutung zeigen. Das gewöhnlich Vernachlässigte lieben, das im Alltag Verlorene finden, das Übersehene sehen und aufheben: dieses Ummünzen bringt Spaß und Wirklichkeitserfahrung zugleich. Oft verliert der Sammler die Lust, wenn das Verlorene im Zuge von Modeströmungen zu allgemeiner Anerkennung kommt, und wendet sich anderem zu. „Der Witz ist dann weg."

Die Eingliederung neu erworbener Sammelobjekte in den Bestand erfolgt meist in einem beinah „ritualisierten" **Aneignungsprozeß**. Das Gefundene wird lange in die Hand genommen, gereinigt, restauriert, dann verglichen mit anderem, manchmal mit der Literatur zum Sammelgebiet, schließlich einsortiert, vielleicht auch katalogisiert. Zuerst wird mit dem Neuerwerb umgegangen (*gespielt*), später wird er in der Sammlung aufgehoben und verschwindet darin.

Die Sammlung selbst kann über die ganze Wohnung ausgebreitet oder aber für sich untergebracht sein (in Kisten, im Keller, Dachzimmer, in Schränken, Vitrinen

verschlossen). Selten betrachten die Sammler ihre Objekte als Schmuck der Wohnung, oft sind sie nur besonderen Interessenten zugänglich.

Indem das erst ersehnte Objekt nun in der Hand ist und nach einigen Prozeduren im Haufen oder gar in der Kiste verschwindet, ist es hier zwar sicher aufgehoben, aber gewissermaßen auch **wieder verloren**. Verloren nämlich als Objekt der *Sehnsucht*, als Ziel der Wanderschaft. Der *geschickte Sammler* wendet sich anderem zu, strebt nach dem, was nicht da ist. Daher ist vielen Sammlern weniger das stillgelegte Haben reizvoll, mehr der Weg dahin, die Einsammel-Aktion, die zwischen Wunsch und Erfüllung liegt. Besitz ist erst ersehnt und verliert nach seiner Übersteigerung an Bedeutung. Der **Weg ist das Ziel**, Sammeln eine unendliche Tätigkeit.

Zwar macht auch der Bestand, den man in der Hand hat, Freude (beim Umkramen, Durchgehen, Zeigen oder als Sicherung): doch zufrieden kann man damit eigentlich nie sein, denn nie ist das, was man hat, vollständig oder ganz beisammen, es fehlt immer irgend etwas. Und das ist zugleich Leid und Freud des Sammlers. Er lebt dramatisch, denn einerseits wird es ihm ewig unmöglich sein, des Unendlichen und *Vollkomme-*

nen im Endlichen teilhaftig zu werden, andererseits aber will er doch genau das. Sammeln als ein Versuch, das Unmögliche möglich zu machen, wirkt daher auf den Zuschauer oftmals tragisch und komisch.

Eine ganze Reihe weiterer Züge verstärken diesen Eindruck. Einige kennen wir schon: während sich der Herr der Dinge bemächtigt, bemächtigen sich die Dinge des Herrn; Sammeln gibt dem Leben Gestalt; geht aber selbst wieder ins Uferlose; Ausbreitung bedeutet Einschränkung, Besitz wird zum Ballast, Freiheit zur Notwendigkeit, Gefundenes verloren. Der ungeheure Reichtum der sammelbaren Wirklichkeit ist zugleich Chance (fürs Finden) und Gefahr (fürs Sichverlieren). Und dann - vielleicht eines der wichtigsten Motive des Sammeldramas - muß der Sammler die Erfahrung machen, daß nur im Wandeln, Umkramen, in der Bewegung zwischen *Ein- und Ausatmen* der Halt für sich und seine Sammlung zustande kommt.

Der Prozeß der Verdichtung und Versammlung erhält das Leben, der *Umsatz* die Existenz des Betriebes. Was aber nur als Übergang existiert, ist dramatischer Natur.

Sammeln als Erfahrung

Im Suchen, Finden, Zusammentragen, Ordnen der Dinge entdecken sich neue Seiten der Welt. Auf seinen Wanderungen entdeckt der Sammler Verwandlungen. Der ganze Prozeß, in dem die Sammlung zustande kommt, vermittelt Wirklichkeit: Erfahrungen macht man beim *spannenden* Suchen und Jagen der Objekte, mit seltsamen Menschen und Verhältnissen. Die Verrückung in andere Lebenswelten (Professoren als Trödler) läßt die eigene und die andere zugleich neu sehen.

Daß man durch Sammeln einen schönen Zugang zur allgemeinen Dramatik des Lebens haben kann, wurde schon erwähnt. Überhaupt aber gilt, daß im sammelnden Gestaltungsprozeß, im Zusammenkramen und In-Ordnung-bringen *Welten* entdeckt werden: Sammeln läßt (wie Kunst) das Wirkliche neu und anders sehen.

Es entdeckt sich dem Blick des Sammlers die Welt der Kaufhäuser oder Spielhallen als Träger von Subkultur, er sieht *Kunst* in Weggeworfenem, freut sich am eigenständigen Funktionieren von Spielwelten, an der Weltbildung in Siegelmarken. Kronenkorken erschließen in sich ganze Systeme, das Sammeln von Makabrem und

Mystischem entdeckt die sonst gern übergangene dunkle Kehrseite der Existenz.

In völlig alltäglichen (und deswegen täglich nicht gesehenen) Gebrauchsgegenständen tauchen Reim und Rhythmus auf, Kategorisierungen im Unkategorisierten. Alltägliches, Verachtetes, Makabres, sogar Ekelhaftes gelangt so zu eigener Bedeutsamkeit, eigener Ästhetik. Im Sammeln und Zusammensehen erwacht die Schönheit des Häßlichen und Übergangenen.

Wie der Sammler dem Künstler verwandt ist, so ist er auch dem Wissenschaftler nicht fern. Suchen, Sammeln, Verarbeiten, Vergleichen und Ordnen ist auch ein Grundzug wissenschaftlicher Tätigkeit, und mancher Sammler fühlt sich ja auch als Wissenschaftler, der *Gesetzmäßigkeiten* erforscht oder erfindet. Den bloßen Sammler und Häufer gibt es gar nicht.

Indem die Sammlung ein in sich funktionierendes Eigenleben entfaltet, durchwebt und entbirgt sie das Gewebe des *normalen allgemeinen* Lebens. Sie kann umgestaltend Lebenssinn vermitteln, ihre immanente Dramatik symbolisiert das Wirken des Ganzen, sie läßt Welten sehen, die man anders nicht einmal ahnt. Und das kann man den *gesammelten Sammlungen* (...) auch ansehen.

Hans-Otto Hügel
„Das kann man doch nicht einfach wegwerfen."
Sammlungen zur Alltags- und Hochkultur in Hildesheim

Grenzen des Sammelns

'Sammeln', transitiv und im weitesten Sinn gebraucht, verstanden als 'etwas aufheben', bezeichnet eine Tätigkeit, die Tier und Mensch gemeinsam ist. Wer sammelt, häuft etwas an, liest etwas auf, bringt etwas an sich. Sprichwörtlich geworden sind der Hamster oder das nüssesammelnde Eichhörnchen. Auf die Gemeinsamkeit menschlicher und tierischer Existenzsicherung zielt auch die Formel vom Jäger und Sammler, mit der das urtümliche, vergleichsweise kulturferne Leben der ersten Menschen umschrieben wird.

Sammeln im engeren Sinn verstanden als 'etwas aufheben, um eine Sammlung anzulegen', dient hingegen nicht der Existenzsicherung. Eine Sammlung hat zunächst keinen lebenspraktischen Sinn. Vorratshaltung, die eiserne Ration in der Speisekammer ist keine Sammlung, so ungenutzt sie auch über lange Zeit bleibt.[1] Der Antiquitätenhändler oder der Galerist, der die Bilder eines Malers oder Gemälde einer bestimmten Epoche aufhebt, um später einen höheren Preis zu erzielen, betreibt bloße Vorratshaltung, sichert ökonomisch seine Existenz. Der Sammler zielt jedoch nicht auf Existenzsicherung, stellt sich nicht in den Kreislauf der Reproduktion, sondern in den Zusammenhang der Kultur. Die Lesezeichen-Sammlung eines Hildesheimer Antiquars, die in unserer Ausstellung zu sehen ist, bildet daher einen Grenzfall. Sie ist noch Sammlung, da er sie - in Hildesheim gibt es kaum Kundschaft für die Lesezeichen - ohne Aussicht auf Gewinn aufbewahrt und pflegt. Vorratshaltung von Sammlung abzugrenzen, ist in anderen Fällen schwieriger, u.a. weil beiden das Moment der Ordnung oder ein persönlich begründetes Auswahlprinzip gemeinsam sein kann. Ein Bestand von Schriften wichtiger Philosophen des 20. Jahrhunderts in Erstdrucken, gesammelt von einem Germanistik-Professor, ist schon eher Vorratshaltung, auch wenn dieser eine bestimmte, nach Zeit und Zweck festgelegte Verwertungsabsicht noch nicht angeben kann. Ob aber jede berufliche Nutzung aus dem Sammeln schon eine Vorratshaltung macht? Die Grenzen zwischen Sammlung und Nicht-Sammlung sind, wie stets, hier wohl fließend.

Die Sammler von Berufs wegen in Museen und Archiven können hierbei außer Betracht bleiben. Sie sind nicht Sammler, sondern haben die Aufgabe - für die Öffentlichkeit - zu sammeln und zu erschließen und auszustellen. Fremdbestimmt, der Satzung ihres Hauses verpflichtet, legen sie keine Sammlung an, sondern betreiben im öffentlichen Auftrag kulturelle Vorratshaltung. Sie sind, wenn man so will, öffentlich bestallte Antiquitätenhändler oder Antiquare.

Horten, das im Einzelfall - siehe die sich in jüngster Zeit häufenden Berichte von sog. Müllsammlern, die nichts wegwerfen können und buchstäblich im Müll ersticken - zur Asozialität führt, ist nicht sammeln. Der Schnäppchenjäger, der auf dem Flohmarkt alte Stücke aus allen Gebieten anhäuft, solange er sie nur unter ihrem vermuteten Wert bekommt, sammelt nicht, sondern hortet ebenfalls, betreibt Werteanhäufung. Auch wenn wohl jeder Sammler den Kitzel, ein gutes Schnäppchen zu machen, schätzt und nicht zuletzt hierin einen Reiz seiner Sammel-Leidenschaft sieht. Eine besondere Form des Hortens ist das Aufkaufen von Gegenständen, um sie - etwa im Wohnzimmer - aufzuheben und zu präsentieren. Wiewohl solches Tun alle Kriterien erfüllt,

die die Wissenschaft für das Sammeln sich ausgedacht hat, halte ich solche Versuche, sein soziales Image zu steigern, etwa durch drei im „Jugendstil" gehaltene Buchmeter, nicht für Sammeln. Zum Sammeln gehört ein Interesse an der Sache und das heißt auch, daß der Sammler etwas vom Gesammelten verstehen muß. Ein Ignorant kann nie ein Sammler sein.

Sammeln ist ebenfalls zu unterscheiden vom Hobby. Hobby meint jede Art von Freizeit-Gestaltung, die in irgendeiner Weise planmäßig oder langfristig betrieben wird. Ist insofern das Sammeln, dem diese drei Elemente auch eigen sind, Freizeitgestaltung, so unterscheidet die Sprache trotzdem aus gutem Grund zwischen Sammlung und Hobby. Dies liegt wohl daran, dass unter Sammeln zunächst und lange Zeit eine in der Hochkultur angesiedelte Tätigkeit verstanden wurde. Sammler, das waren Menschen, die sich mit wertvollen Dingen, mit Kunst und Antiquitäten beschäftigten. Seitdem die Alltags-Sammler sich bemerkbar machen, ist diese Entscheidung jedoch nicht mehr so recht möglich. Trotzdem macht sie Sinn, haben doch Sammler und Menschen, die ihr Steckenpferd reiten, ein anderes Verhältnis zu den Gegenständen, mit denen sie sich beschäftigen. Der Hobbymaler stellt ein Bild her. Der Hobby-Sammler beschäftigt sich mit fremden Bildern. Als Hobby kann ich Bonsai-Bäumchen züchten - und sie dann aufheben; gesammelt im eigentlichen Sinn aber wird nichts Lebendiges.[2] Der Sammler hält eine gewisse Distanz zu den Dingen seines Interesses, so sehr sie ihm vertraut sind. Das Selbstproduzierte oder Gezüchtete unterläuft diese Distanz und damit die Möglichkeit, dass das Sammlungsstück, die Sammlung, dem Sammler etwas sagt, Kunde gibt von einer unbekannten Welt. Hobby ist, so läßt sich sagen, Beschäftigung mit dem Vertrauten, Sammeln mit dem Unvertrauten, so eng es dem Sammler auch ans Herz wachsen mag. Nicht zuletzt hierin gründet sich die Ironie, die viele Sammler zu ihrem Tun haben.

Bei einer Sammlerin, die ihre Plüschbären selbst herstellt und dann sammelt, haben wir uns trotz dieser Erwägungen - wie bei zwei Sammlern, die alte Waagen bzw. Modellmaschinen restaurieren und dann sammeln - entschieden, dieses Tun als Sammeln zu werten. Im ersten Fall, bei den Bären, folgen wir dem Sprachgebrauch in diesem Sammelgebiet. Es gibt zahlreiche Messen und mehrere Zeitschriften für Bären-Sammler, bei denen stets zugleich die individuelle Bären-Produzentin angesprochen wird. (Was sich im übrigen daraus rechtfertigt, daß nahezu alle Bären die auf dem Markt sind - die wenigen alten Stücke ausgenommen - hergestellt werden, damit sie gesammelt werden.) Bei den beiden anderen gab das Kriterium, dass die Sammler fremde Sachen restaurieren, also die Sammlungsstücke nicht eigentlich herstellen, den Ausschlag. Schließlich bearbeitet jeder Sammler irgendwie sein Material, und wenn er es - wie im Falle der Briefmarken - nur ablöst und glättet.

Schließlich ähneln Sammlungen - in jüngster Zeit vermehrt - Kunstwerken. Kunst - wie Alltagssammlungen, ja wie Sammlungen überhaupt, stehen in einem ökonomie-feindlichen, zumindest ökonomiefernen Raum. Und Künstler wie Christian Boltanski zeigen gesammelte Erinnerungsstücke aus ihrer Biographie und erklären sie – überzeugend – zur Kunst.[3] Andere, wie Karsten Bott, zeigen großflächig ausgebreitet Restbestandteile von Alltags- und Populärkultur: Flaschen, Zeitungen, Comic-Hefte, Konservendosen aus ihrer "Sammlung zur Alltagskultur".[4] Ein solches Vorgehen der Künstler wird nicht zuletzt dadurch möglich, daß es sowohl zum Begriff der Kunst wie zu dem der

Sammlung gehört, daß ihr Sinn sich nicht von selbst versteht, sondern erst im Akt der Rezeption, der Wahrnehmung, hergestellt werden muß.

In Hildesheim haben Sammler, durchaus in Unkenntnis vom Vorgehen der zeitgenössischen Künstler, Alltagssammlungen angelegt, die diese in die Nähe von Kunst bringen. Die Kästchen mit den Tausenden und Abertausenden von Dauerserien-Briefmarken wären in der Storage-Ausstellung nicht nur nicht aufgefallen, sie hätten dort ihren Platz gefunden. Daß wir sie trotzdem als Sammlung gewertet haben, begründet sich vor allem aus dem Selbstverständnis des Sammlers (wiewohl auch dies sich durchaus doppeldeutig lesen läßt) und aus der Tatsache, daß diese Sammlung von ihm neben anderen Sammlungen realisiert wird, in einem Sammlungskontext, nicht in einem Kunstkontext steht.

Die Sammlung im Kreislauf der Ökonomie

Die Wissenschaft hat aus der Zweckferne wie aus der Selbstbezüglichkeit von Sammlungen geradezu eine „Definition" entwickelt. Sammlungen sind demnach „Zusammenstellungen natürlicher oder künstlicher Gegenstände, die zeitweilig oder endgültig aus dem Kreislauf ökonomischer Aktivitäten herausgehalten, auf besondere Weise geschützt und ausgestellt werden, damit sie den Blick auf sich ziehen."[5] Krzystof Pomians 1986 vorgelegte Definition hat in der Wissenschaft durchweg Anerkennung gefunden. Jedoch - wendet man sie auf die Sammlungen an, die in unserer Ausstellung gezeigt werden, zeigt sich schnell, daß die angegebenen Kennzeichen, ihre besondere Weise der Wertschöpfung und Sinngebung, ihr Ausstellungscharakter wie die außergewöhnliche Sicherung nur auf wenige zutreffen.

Pomian hat seine Definition an Kollektionen der Hochkultur gewonnen. Die Vermutung liegt nahe, daß die Reibung zwischen dem Sammlungsbegriff der Wissenschaft und dem unserer Ausstellung ihren Grund gerade darin hat, daß wir Sammlungen von Hoch- und Alltagskultur präsentieren.

Zentral für Pomian ist die ökonomische Sonderstellung des Gesammelten. Sie ist für ihn auch die Voraussetzung für die besondere Bedeutung von Sammlungen, „die an dem Austausch teilnehmen, durch den die sichtbare Welt mit der unsichtbaren verbunden ist".[6] Die Sammlung hat zwar finanziellen Wert, nimmt aber trotz ihres finanziellen Werts nicht am Kreislauf der Ökonomie teil. Eine solche Feststellung macht jedoch nur für einige der Hildesheimer Sammlungen Sinn. Charakteristischerweise sind dies diejenigen, die der Hochkultur angehören, ihr zumindest nahestehen. So kann man bei den Petschaften oder bei den altägyptischen Skarabäen durchaus sagen, daß sie aus dem ökonomischen Kreislauf herausgehalten werden. Sie repräsentieren als museumsreife Stücke einen Wert, der nicht mehr realisiert wird, da sie in einer Sammlung aufgehoben sind. Bei einem einzelnen Überraschungsei oder bei gebrauchten Briefmarken aus Dauerserien macht diese Feststellung hingegen keinen Sinn. Zwar nehmen auch sie als Sammlungsstücke nicht mehr am ökonomischen Kreislauf teil, aber dies taten sie auch schon nicht, bevor sie den Sammlungen einverleibt wurden. Eine gestempelte Marlene Dietrich, ein - womöglich leergeschriebener - Kugelschreiber mit Werbeaufschrift hat keinen finanziellen Wert; höchstens einen negativen, denn diese Dinge müssen entsorgt werden. Man kann sie daher auch nicht dem ökonomischen Kreislauf entziehen. Und selbst bei den Überraschungseiern ist die Feststellung des zeitweiligen Herausnehmens aus dem ökonomischen Kreislauf sinnlos, da diese - wie viele Produkte unserer Wirtschaft, etwa Weihnachts-

teller, Miniaturreplike alter Autos - eigens hergestellt werden, um in Sammlungen, ökonomisch gesehen, zu verschwinden. All die Gedenkmedaillen, Sammeltassen, die Enten, Hähne, Halbmonde werden vorwiegend hergestellt, um gesammelt zu werden.

All diese Dinge sind Überproduktion. Sie werden - zunächst jedenfalls - nicht gebraucht, ihr Sinn ist mit der Produktion und Vermarktung nicht vorgegeben, er entsteht oder mißlingt beim Verbraucher. Sie sind auch nicht Luxus, der soziale Distinktion, die Demonstration eines höheren sozialen Images, ermöglicht - „Ich kann's mir leisten" - und sie dienen auch nicht, jedenfalls nicht in den meisten Fällen, dem Schmuck der Wohnung. Als Schmuck hängt man vielleicht einen oder einige Weihnachtsteller, nicht aber eine ganze Sammlung an die Wand. Dieser Überproduktion ist ein Gebrauchswert, eine Funktion durch ihre Herstellung bloß formal beigegeben. Sie ist nur zum Sammeln geeignet. Solche Produkte werden außerhalb von Sammlungen nicht gebraucht, d.h. ihr Sinn wird erst vom Sammler hinzugefügt. Von hier aus versteht man, warum die zum Sammeln hergestellten Produkte soviel ihres ökonomischen Wertes verlieren, sobald die Sammlung aufgelöst wird. Da ihr Sinn wesentlich vom Sammler produziert wird, geht das, was sie eigentlich wertvoll macht, mit der Freigabe zur Veräußerung wieder verloren. Die ökonomische Binsenweisheit, daß der Wert einer Sache nicht an sich, sondern nur darin besteht, daß ihr jemand einen Wert zuerkennt, gilt für Alltags-Sammlungen und ihre Stücke in besonders hohem Maß. Für Kunst und für älteres Kunsthandwerk gibt es einen Markt, der nach festen, allgemein akzeptierten Kriterien (Provenienz, handwerkliche Güte, Material) den ökonomischen Wert von Sammlungen und Sammlungsstücken wenigstens innerhalb gewisser Grenzen über anerkannte Institutionen (Auktionen, Kataloge) vermittelt, und daher berechenbar macht.[7] Die Alltags-Sammlungen hingegen kennzeichnet, daß sie ökonomisch jenseits oder in einem noch nach relativ freien Bewertungsregeln operierenden Markt angesiedelt sind. Die Grenzen zwischen der Alltags-Sammlung und denen, die zur etablierten, bzw. zur Hochkultur zählen, ist also stets im Fluß. Sie verwischen sich, sobald sich die Regeln, nach denen ein bestimmter Sammlungsmarkt sich organisiert, sich verfestigen. Die zur Hochkultur zählenden Stücke verlieren ihren Wert auch dann nicht, wenn sie wegen ihres Sammlungscharakters „aus dem Kreislauf ökonomischer Aktivitäten" herausgehalten werden; Stücke aus Alltags-Sammlungen jedoch haben keinen oder nur einen geringen Wert. Jedenfalls keinen, der, wenn es hart auf hart käme, die Nachprüfung etwa durch eine Versicherung unbeschadet überstünde. Ja, wenn überhaupt, haben diese ökonomischen Wert nur als Sammlung. Drei leere Bierflaschen aus der gegenwärtigen Produktion bringen nur das Pfandgeld, eine Sammlung von dreitausend verschiedenen hingegen?

Sammeln in der postindustriellen Gesellschaft

Während Sammlungen von Hochkultur, also von Luxus, zusammen mit dieser entstehen (schon im alten Ägypten und im antiken China wurde gesammelt, wie Grabbeigaben zeigen)[8], gibt es Alltags-Sammlungen erst, seitdem es in größerem Stil Überproduktion gibt. Für Karl Marx ist „Ueberproduktion" im Kommunistischen Manifest von 1848 eine Erscheinung aus jüngerer Zeit, ermöglicht durch die Industrialisierung und die ihr folgende Neuorganisation des Handels und der Gesellschaft. Der Beginn des industriell geförderten Sammelns von Alltags-Kultur im Jahre 1862, als zum ersten Mal Alben zum Briefmarkensammeln hergestellt und vertrieben wurden - ohne Beteiligung der Industrie läuft in Alltags- wie in populärer Kultur nichts -, bewahrt historisch noch diesen Zusammenhang. Während in der vorindustriellen Gesellschaft die Dinge solange benutzt (bzw. geflickt) wurden, bis sozusagen nichts mehr übrig war, stellt die industrielle Gesellschaft Dinge bereit, im Bewußtsein, daß sie nicht bis zu ihrem praktischen Ende benutzt werden. Je mehr sich die Warenproduktion beschleunigt, desto mehr Dinge werden hergestellt, die niemand mehr aufbraucht oder gar braucht und die doch - ganz von außen gesehen - nicht verbraucht erscheinen. „Das kann man doch nicht einfach wegwerfen", sagt der Sammler von Dauerserien-Briefmarken. Während die industrielle bzw. die frühindustrielle Gesellschaft das Hergestellte wegwirft, wenn es völlig unbrauchbar wurde, bzw. wenn ein (wesentlich) verbesserter Typ auf dem Markt ist, entscheidet sich die hoch- oder postindustrielle Gesellschaft nicht mehr nach solchen Nützlichkeitserwägungen. In ihr wird weggeworfen oder einfach unbeachtet liegengelassen, was eigentlich noch nutzbar wäre. Kugelschreiber, Bierflaschen, Trinkgläser, Briefmarken, Comics, Spielzeugautos, Spielzeugfiguren, Bücher, Puppen, Par-

fümflakons, Minischnapsflaschen, Salzbehälter, Tee-Eier, Postkarten, Spardosen, Telefonkarten, Ü-Eier, Zigarettenpapier, all das und mehr wird nicht oder vielfach nicht in Gänze ihrem vorbestimmten Zweck entsprechend verbraucht. Die zahlreichen verkleideten Gebrauchsgegenstände, Feuerzeuge, die sich als Spardosen tarnen oder umgekehrt, bringen zum Ausdruck, daß die eigentliche Funktion der Gegenstände an Bedeutung verloren hat. In der Überflußgesellschaft gibt es kaum ein Produkt, das nur noch dazu da ist, verbraucht zu werden; das seinen Zweck in sich trägt. Vielmehr steigt von Jahr zu Jahr die Zahl der Dinge, die nicht zu einem lebenspraktischen Zweck, sondern zum Wegwerfen, Sofort-Recyclen oder zum Sammeln produziert werden (vgl. die Telefonkarten. Wertvoll sind sie nur unbenutzt!). Man kann daher durchaus sagen, der Sammler entsorgt die Überproduktion. Indem er für sich - und damit für andere - die Schönheit der Gebrauchsgüter in der Alltagskultur entdeckt und bewahrt. Wenn seine Arbeit erfolgreich ist, findet er - siehe die Kataloge zu Groschenheften, die Auktionen von Emailleschildern und Werbeplakaten - allgemeine Anerkennung. Zum Preis allerdings, daß die Alltagskultur zur Gebrauchskunst mutiert. Der Sammler von Überproduktion in der Überflussgesellschaft ist beständig in Gefahr, die Grundlagen seiner Existenz zu vernichten. Sein Nachfragen nach den Stücken, die er sammelt, schafft eine allgemeine Nachfrage, die das kostbar werden läßt, was zunächst nur für ihn Wert hatte. (Bei ca. zehn bis fünfzehn ernsthaften Sammlern in der Bundesrepublik, z.B. von Groschenheften einer bestimmten Serie, vermag schon eine einzelne, wiederholt auf dem Markt aktive Nachfrage, diese Hefte zum teuren Kultobjekt zu machen.) Sammlungskonjunkturen verlaufen aber Gott sei Dank nicht nur nach oben. Miniatur-Schnapsflaschen, die vor wenigen Jahren noch heiß begehrt waren, werden in jüngster Zeit nicht mehr so stark nachgefragt, werden also wieder zum Sammelgebiet der Alltagskultur. Solchen Kultur-Konjunkturproblemen entgeht der Alltags-Sammler, wenn er sich von vornherein - wie die meisten der hier präsentierten Sammler - der Alltagskultur der Gegenwart zuwendet; in diesem Fall zahlt er aber einen anderen Preis: daß er der Sammelgüter schneller als gedacht kaum noch Herr zu werden vermag. „Es wird immer alles soviel", ist ein Stoßseufzer, den wir bei unseren Recherchen für diese Ausstellung oft gehört haben.

Die in letzter Zeit geradezu ausufernde Zahl von Katalogen für Ü-Eier, Groschenhefte, Spielfiguren, Teddybären trägt dazu bei, daß das Sammeln von immer mehr Gegenständen professionalisiert wird und ein Markt entsteht. Allerdings zeigen die Enttäuschungen, die Verkäufer erleben - vgl. etwa die Erfahrungen unseres Ü-Eier-Sammlers -, wenn sie ihre Sammlung veräußern wollen, daß diese Märkte noch sehr instabil sind. So sehr auf der einen Seite Initiativen wie das *Sammler-Journal* (seit 1971) oder die Flohmarkt-Bewegung (in der BRD fanden, organisiert und in überregionalen Blättern bekanntgemacht, mehr als 2.800 Flohmärkte im letzten Jahr statt) Menschen zum Sammeln hinführen, Sinn für Qualität schaffen, animieren, sammelwürdige Stücke aufzuheben - kurz, Sammeln ermöglichen, so sehr vernichtet solche Professionalisierung den Charme und den Charakter des Alltags-Sammelns. Letztlich entzieht es ihm sogar die Basis. Denn Alltags-Sammeln, verstanden als alltägliches Tun wie als Sammeln von Alltagsstücken, wird doch eher auf Sinngebung durch den Sammler und weniger durch den vom Markt oder durch den von der kulturellen Tradition vorgegebenen Wert gegründet. Je weniger die Stücke wie die ganze Sammlung Tauschwert haben - d.h. auch, daß die Sammlungsstücke nur unter sich tauschbar bleiben -, desto entschiedener wird vom Sammler Sinngebung und damit kulturelle Werteproduktion verlangt.

Relativ leicht fällt solch kulturelle Wertschöpfung jenseits des Ökonomischen, wenn der Sammlung ein kulturhistorischer, ja kulturwissenschaftlicher Wert zuerkannt werden kann: Eine Sammlung von Fotografien aus Alt-Hildesheim ist für den Lokalhistoriker von großem Wert, auch wenn die Abzüge, sofern nicht Originale, antiquarisch keinen bedeutenden Wert darstellen. Bei einer Sammlung von Meereskonchylien hat der Sachverstand des Sammlers, die von ihm vorgelegte Ordnung und Bearbeitung der Stücke eine wissenschaftliche, erkenntnisvermittelnde Sammlung ermöglicht, deren kultureller Wert unmittelbar einleuchtet. Ähnlich unbezweifelbar - ohne hier eine vollständige Liste geben zu wollen - ist der kulturhistorische, bzw. der künstlerische Wert bei den alten Zeitungen, der afrikanischen Plastik, den Gläsern aus dem 19. Jahrhundert, den Petschaften und vor allem den ägyptischen Altertümern, die überdies allesamt einen wenn auch sehr unterschiedlichen, aber doch sicher realisierbaren ökonomischen Wert haben.

Ihre Sammler können daher neben subjektiven Motiven stets objektiv nachzuvollziehende Begründungen für ihr Tun angeben. Sie vermögen gleichsam ihren „Wahnsinn", wie ein Hildesheimer Sammler sein nur persönlich zu erklärendes Tun bezeichnete, verbergen hinter der unbezweifelbaren wissenschaftlichen, kulturhistorischen oder sogar finanziellen Bedeutung ihrer Sammlungen. Für sich sammelnd, der Öffentlichkeit Kulturgüter entziehend, bewahren diese Sammler sie zugleich für die Gesellschaft. Verbinden - den Warenproduzenten nicht unähnlich - dialektisch Eigennutz und gesellschaftliche Pflicht.

Die Bedeutung der Sammlungen

Sammler, die dem traditionellen Bild des Kunstsammlers entsprechen, wie er in der Öffentlichkeit heutzutage durch das Beispiel Peter Ludwigs vertraut ist, sind aber, wie sich gezeigt hat, zahlenmäßig eine Minderheit unter den Hildesheimer Sammlern. Die Mehrzahl sammelt „nur für sich", wie einer der Sammler sagte. Sie wählen mehr oder weniger bewußt ein Sammelgebiet aus, das für niemanden sonst Wert zu haben scheint. (Daß sich dann im Lauf der Zeit herausstellt: es gibt immer auch Kollegen, steht auf einem anderen Blatt.)

Und sie suchen auch nicht, durch die der Sammlung gegebene Ordnung und Systematik kulturhistorisch Bedeutsames zu erschaffen. Sie sammeln Sand aus fremden Ländern, der vor allem eine Eigenschaft haben muß: ein Bekannter, ein Freund hat ihn mitgebracht. Sie machen aber aus dem Sammeln kein Studium, kümmern sich in diesem Fall nicht - wie die professionellen Sandsammler etwa - um physikalische Besonderheiten ihres Sandes. Oder: sie sammeln Bierflaschen aus aller Herren Länder, die sie alle selbst geleert haben. Bei anderen bewahrt oder frischt das Sammeln eine biografische Erinnerung auf: Zigarettenpapiere werden gesammelt, nachdem in der Jugendzeit einmal die nationalen Unterschiede von Papiersorten und -stärken entdeckt waren. An silberne Salzspender ist die Erinnerung an das Elternhaus geknüpft, aus dem die Sammlerin im Krieg vertrieben wurde. Oder es erinnern die aus Asien mitgebrachten Elefanten, bzw. die mitgebrachten oder selbst hergestellten Skarabäen an viele Reisen in ferne Länder. Bei anderen schließt das Sammelgebiet an den Beruf an - ohne dass allerdings ein beruflicher Nutzen angestrebt wird. Der Bankkaufmann sammelt Spardosen, der Arzt medizinische Elektrisierapparate, der Professor für Gestaltung selbstgeschnitzte Formhölzer und

der Theaterprofessor Kasperlepuppen. Auch Wunsch-Biografien werden durch das Sammeln erfüllt: Architektur-Modelle besuchter Gebäude halten die Sehnsucht nach fernen Reisen wach, die Bildpostkarten und die Faksimiles ersetzen ein in der Jugendzeit nicht mögliches Kunststudium. Gemeinsam ist allen Sammlern, daß sie sammelnd sich die Welt erschließen, ihre Welt. Der Sammler will „wissen, auf welchem Grund ich stehe". So begründete ein Naturaliensammler sein Tun. Gleiches ließe sich auf das Sammeln von Zivilisationsgegenständen anwenden. Solche Erkenntnis - und dies ist entscheidend - ist aber beim Alltags-Sammeln kaum übertragbar. Das Gesammelte - im angesprochenen Fall die Hölzer und Vogelfedern aus der Heimat - werden zwar fachmännisch präpariert, aber nicht (natur)wissenschaftlich geordnet und ausgewertet. Der Sammler hat keine naturkundliche Mustersammlung der Hildesheimer Region angelegt, sondern seine persönlichen Erfahrungen der Landschaft objektiviert. Was die Sammlung bedeutet, ist nicht irrational. Die Bedeutung ist für einen Dritten nachvollziehbar, aber den Sinn zu realisieren, vermag nur der Sammler. Der Sammler ist gleichsam von seiner Sammlung gezähmt worden wie sie von ihm, um mit den Worten aus der berühmten Szene zwischen dem kleinen Prinzen und dem Fuchs von Saint-Exupéry zu sprechen. Sammler und Sammlung sind eine unverwechselbare Beziehung eingegangen. Für den Sammler ist die Sammlung zu einem mal großen, mal kleineren Teil seines Lebens geworden, was umgekehrt auch für die Sammlung gilt, die oft mit dem Sammler stirbt. Das ist den Sammlern durchaus bewußt: „Meine armen Erben tun mir jetzt schon leid, sie werden damit nichts anfangen können", kommentiert ein Sammler (von Dauerserien-Briefmarken) ironisch diesen Sachverhalt. Das innige Verhältnis von Sammler und Sammlung bleibt, wie bei allen affektiven Beziehungen, bestehen, wenn und weil sie gepflegt werden. Ohne solche Pflege verkümmert die Sammlung, ja löst sich unmerklich auf. Sammler, die, aus welchem Grund auch immer, wenig Zeit für sie finden, entschuldigen sich geradezu dafür. „In letzter Zeit habe ich wenig Zeit gehabt, mich um sie zu kümmern", beschwichtigt ohne Grund der Sammler beim Hervorholen seiner in zwei Schachteln verstauten Zigarettenpapiere.

Die Pflege der Sammlung, der sorgsame, ja geradezu liebevolle Umgang mit den Stücken wie mit dem Ganzen ist für jeden Sammler charakteristisch. Will der Besucher etwas anfassen, muß er fragen und bekommt es doch schnell wieder aus der Hand genommen. Während beim Sammler von Hochkultur solche Sorgfalt sich auch aus der Sorge vor Beschädigung des wertvollen Stücks begründet, resultiert sie beim Alltags-Sammler vor allem aus der affektiven Beziehung. Ein Feuerstein, den der Besucher aus einer Steine-Sammlung in die Hand nehmen durfte, wird von der Sammlerin aus gutem Grund wieder selbst an seinen Platz zurückgelegt. Die mandalaförmige Anordnung der Steine folgt nicht einfach einer naturwissenschaftlichen Systematik, bei der es letztlich gleichgültig wäre, in welche Richtung ein Stein gelegt würde; sie hat beinah künstlerische Bedeutung, ist jedenfalls Ausdruck des besonderen Verhältnisses Sammlerin - Sammlung.

Die Sorgfalt, mit der die Sammler mit den unscheinbarsten Dingen umgehen, zeigt sich beim Präparieren und Ordnen der Stücke. Sorgfalt wird aber auch verlangt und aufgebracht, um das Sammelwürdige zu finden. Nicht nur, damit auf dem Flohmarkt kein Stück entgeht - das hat vielleicht mehr mit Jagdeifer zu tun; Sammeln gibt Gelegenheit, ja verlangt geradezu sorgfältiges, genaues Betrachten. Um die Besonderheit von z. B. Tee-Eiern wahrzunehmen, zu entscheiden, dies ist eine Doublette, den Typ Tee-Ei habe ich schon, bzw.

das ist eine neue, sammelwürdige Variante, ist Sorgfalt Voraussetzung. Der Sammler, und gerade der Alltags-Sammler, der zumeist nicht auf Vollständigkeit sammelt - nicht darauf sammeln kann: wann ist eine Tee-Eier-Sammlung vollständig? -, betritt mit seinem Sammelgebiet eine unbekannte Welt, deren Buntheit und Fülle mit jedem neuen Stück aufs Neue überrascht. Der Sammler von Hochkultur ist hingegen nicht zu überraschen, wenn er - endlich - das ersehnte Stück, das er schon durch Beschreibungen kennt, erworben hat. Von Alltagsgegenständen gibt es - sofern sie noch nicht katalogisiert sind, und dann hören sie schon auf, einfach Alltagsgegenstände zu sein - keine Beschreibung. Entsprechend bestehen die Alltags-Sammlungen häufig aus einer ungezählten (oft sehr großen) Zahl von Stücken, während es zum Sammeln von Hochkultur gehört, alle Stücke zu inventarisieren, je wertvoller, desto genauer. Der Alltags-Sammler entdeckt so mehr für sich als im Wettstreit mit anderen die zumeist ungeheuer große Vielfalt seines Sammelgebietes. Und auch weniger Besitzerstolz als vielmehr die staunende Freude über den Reichtum von Natur und Kultur zeigt sich in der Begierde, mit der er die Sammlung präsentiert und die Fülle der unterschiedlichsten Formen, Farben und Mate-

rialien seiner Sammlungsstücke vorführt. „Man kann einfach nur staunen, was es alles gibt" oder mit einem Stoßseufzer: „Der Platz reicht nie, um alles aufzustellen", kommentieren die Sammler diesen Reichtum, der Reichtum nur für sie ist, nicht tauschbar, nicht verwertbar. Weil die Bedeutung der Stücke und der Sammlung allein von der Wertschätzung der Sammler abhängt, überrascht es auch gar nicht, daß fast alle Alltags-Sammler am Kontakt mit Sammler-Kollegen wenig interessiert sind. Es genügt ihnen, daß sie das Gesammelte schön finden, und der Satz „Ich sammle, weil die Milchkännchen, die Puppen, die Plastiktüten, die Miniatur-Schnapsflaschen etc. schön sind", war der am häufigsten zu hörende, mit dem versucht wurde, eine Begründung für das Sammeln zu geben.

Die Beziehung von Sammler und Sammlung

Weil die Sammler das Gesammelte schön finden, umgeben sie sich auch mit ihm. Die Sammlung befindet sich in nahezu allen Fällen nicht nur in der Wohnung, sondern gehört zu ihr. Nur in wenigen Fällen schien es den Sammlern geraten, sie in einem von der Wohnung gesonderten Raum unterzubringen; so füllen die Bierflaschen auf der Zwischenetage einen eigenen Raum. Daher zeigen wir, im Unterschied etwa zu einer ähnlichen Unternehmung des Oldenburger Kunstvereins, in diesem Katalog wie in der Ausstellung das Gesammelte nicht allein, sondern mit dem Sammler. Ob die Präsentation oder Unterbringung in der Wohnung als Ausstellen begriffen werden kann, erscheint fraglich; auch wenn die Wissenschaft das Ausgestelltsein von (Hochkultur)-Sammlungen für wesentlich hält. Einige Alltags-Sammlungen, etwa die Parfüm-Flakons, die Petschaften oder die ägyptischen Altertümer, die gerahmt im Flur, bzw. im Wohnzimmer hängen und in gewisser Weise auch Wandzierde sind, werden zwar präsentiert, um sie zu zeigen. Auch wenn diesen Arrangements ein Moment von Inszenierung nicht abgeht, was wesentlich zum Ausstellen gehört, sind sie doch keine Ausstellung zu sein. Eine Ausstellung macht etwas öffentlich, indem sie es zeigt. Und genau das scheint bei den Alltags-Sammlungen, im Gegensatz zu denen von Hochkultur, nicht der Fall zu sein. Die großen Sammler von Hochkultur, die der Wissenschaftler zumeist als Paradigma im Auge hat, wenn er über Sammler und Sammlungen nachdenkt, agieren in der Öffentlichkeit, auch wenn ihre Sammlungen ebenfalls in den Privaträumen aufge-

hängt, bzw. aufbewahrt werden oder wurden. Sammler wie der Dresdner Woldemar von Seidlitz (gest. 1922) waren als Sammler öffentliche Personen, ihr Sammeln war bekannt; man, die gute Gesellschaft, die für sich das Bewußtsein hatte, das Beste des Staates zu repräsentieren, traf sich dort. „Glücklich jeder, dem vergönnt gewesen ist, an dieser Stelle (im Haus des Sammlers) einen Hauch des hier wehenden Geistes verspüren zu dürfen. Unvergeßlich sind für ihn die Stunden, wo sich hier der engste Familienkreis oder ein erweiterter Freundeskreis in mannigfaltiger Tätigkeit oder froher Geselligkeit zusammenfand, wenn der Herr des Hauses ausgewählte Proben bester Literatur vorlas, wenn die Wandschränke an den Längsseiten des Saales ihre Schätze auftaten und Radierungen, Kupferstiche, Handzeichnungen und Aquarelle von Seidlitz fein erläutert Blatt für Blatt von Hand zu Hand wanderten."[9] So beschreibt ein Freund 1922 das kultivierte Vergnügen einer großbürgerlichen Familie. Nicht selten bildeten und bilden solch große Privatsammlungen den Unterbau für die öffentlichen Museen, ja entstehen und wachsen in Kontakt und Absprache mit ihnen.

Von den Alltags-Sammlungen hingegen kann man nicht nur nicht sagen, dass sie ausgestellt werden, auch dass sie präsentiert werden, „damit sie den Blick auf sich ziehen"[10], wie die Wissenschaft eine der wesentlichsten Funktionen von Sammlungen umschreibt, trifft nur bedingt zu. Gewiss erfreut sich der Sammler an den Schätzen, die ihn umgeben. Ob aber die tägliche Vertrautheit mit der Sammlung wie mit allem anderen, was ihn in der Wohnung umgibt, es fördert, „den Blick auf sich zu ziehen"? Gerade bei den Sammlungen, die den Besucher in ihren Bann schlagen, weil sie buchstäblich die Wohnung (oder wenigstens einen großen Teil davon) beherrschen - etwa die zahllosen Enten, Hähne, Halbmonde, aber auch die in Kisten und Stehsammlern aufbewahrten Comics -, von diesen kann man eigentlich nicht sagen, „sie ziehen den Blick auf sich". Gewiß, sie sind unübersehbar. Der Sammler umgibt sich aber nicht mit ihnen, um sie zu zeigen, sondern weil er mit ihnen lebt. Und dies sieht man den Sammlungen, die förmlich Besitz vom Wohnraum ergriffen haben, auch an. Insofern ist sogar fraglich, ob auf die Alltags-Sammlungen es generell zutrifft, daß sie „an einem abgeschlossenen, eigens zu diesem Zweck eingerichteten Ort",[11] aufbewahrt werden. Von den Sicherheitsfragen einmal abgesehen, die ich hier nicht diskutieren will, kann die eigene Wohnung insgesamt als „besonderer

Ort" im Sinne von herausgehoben, für eine bestimmte Funktion hergerichtet, kaum gelten. Sicher, die Regale und Vitrinen etwa bei den Bierflaschen und den Parfümflakons, bei den Miniatur-Schnapsflaschen, bei den Salzbehältern, den Zinnfiguren, den chinesischen Altertümern oder auch die Kleinbehälter für das Zigarettenpapier oder für die Dauerbriefmarken, die Ordner für die Alt-Hildesheim-Fotografien oder für die Karl May-Bücher, sie sind alle extra angeschafft, etliche sogar speziell angefertigt. Ihr Zweck ist aber nicht, wie bei den großen Sammlungen von Hochkultur, die besondere Funktion der Sammlung herauszustellen. Ganz im Gegenteil. Sie dienen vor allem dazu, daß die Sammlung sich in das Leben des Sammlers auch räumlich integrieren läßt und ihr ein besonderer Ort zugewiesen werden muß.

Die uns von einem Hildesheimer Sammler erzählte Geschichte[12] des Schriftstellers und Handschriften-Sammlers Stefan Zweig von einem blinden Sammler wertvoller Drucke ist vielleicht der ergreifendste Ausdruck für die geradezu symbiotische Lebensweise des Sammlers. Die Familie des blinden Sammlers hat die Sammlung wegen einer wirtschaftlichen Notlage schon längst verkauft und täuscht den Sammler mit leeren Blättern, da dem Blinden ohne seine Sammlung der Lebenswille genommen wäre. Sie ist sein Glück und das Goethe zugewiesene Wort: „Sammler sind glückliche Menschen" bildet auch den Schlußsatz der Erzählung. Die Pointe der Geschichte, daß allein das Wissen von der Existenz seiner Sammlung den Sammler glücklich macht, verweist dabei ex negativo auf das für das Sammlerglück Entscheidende. Der Sammler ist umgeben von seiner Sammlung, sie ist in seiner Nähe, er kann sie berühren. Sammler sind glückliche Menschen, nicht zuletzt deshalb, weil sie das, was für sie den selbstgewählten, ja selbstgefundenen Sinn des Lebens ausmacht, ständig sinnlich um sich haben.

Anmerkungen

1 Ausgenommen sind die Sammlungen der Öffentlichen Hand, die Museen und Literaturarchive. Das Öffentliche geht immer mit dem Lebenspraktischen zusammen, allein schon, weil es von der Gesellschaft unterhalten wird und sich daher durch eine konsensfähige Begründung legitimieren muß.

2 Nur in übertragenem Sinn spricht z.B. Willi Reichert (Wunderliche Zeitgenossen, München: Goldmann 1971, S. 107-113) davon, daß er eine Sammlung von „merkwürdigen Zeitgenossen" anlegt.

3 Siehe den Untertitel der Ausstellung *Deep Storage. Arsenale der Erinnerung. Sammeln, Speichern, Archivieren in der Kunst.*

4 Deep Storage. Arsenale der Erinnerung. Sammeln, Speichern, Archivieren in der Kunst. Hrsg. v. Ingrid Schaffner u. Matthias Winzen. München u. New York: Prestel 1998, S.82

5 Krzystof Pomian, Der Ursprung des Museums. Vom Sammeln. Berlin: Wagenbach 1988, S. 20 ähnlich 16 u. passim

6 Pomian, S. 43

7 Bei Kunst (und älterem Kunsthandwerk) kann daher auch sinnvoll davon gesprochen werden, daß ihr ökonomischer Wert durch das Gesammelt-Sein außer Kraft gesetzt, sozusagen fiktionalisiert ist.

8 Vgl. Pomian, S.20 ff.

9 F. Schöne, Woldemar von Seidlitz, Ein Abschiedswort an den Mann und sein Haus, zit. n. Wolfgang Holler, Woldemar von Seidlitz, Wissenschaftler, Staatsbeamter, Sammler und Förderer der Kunst, in: Dresdner Hefte. Beiträge zur Kulturgeschichte 15 (1997) 1, S. 26

10 Pomian, S. 20

11 Pomian, S. 16

12 Erstdruck 1927

Archive des Alltags

Die Sammlung als Organismus

Betritt man die Wohnung von Jürgen Petz, wird sogleich visuell deutlich, wenn nicht gar körperlich spürbar: hier ist ein Sammler zu Hause. Wenige Einrichtungs- und Nutzgegenstände konkurrieren mit verschiedenartigen Sammlungen. Jürgen Petz ist nicht nur Comic-Sammler. Er sammelt zudem noch Merchandising aller Art, das im Zusammenhang mit Filmen oder Comics steht, Science-Fiction-Erzählungen (und Sekundärliteratur), Schallplatten und er „archiviert" Videofilme. Eingeschlossen von vielen Regalmetern Comic-Alben, Litese-

ratur aller Art und seiner beeindruckenden Vinyl-Sammlung, berichtet Jürgen Petz von den Anfängen.

Sein Interesse an Comics entwickelt er früh, noch vor dem Lesealter, als ihm sein Vater vorlas. Er habe damals „gehortet, nicht gesammelt", das systematische Sammeln sei erst später gekommen, im Alter von 16 oder 17. Besonderen Einfluß hatten dabei das Buch *Comics. Anatomie eines Massenmediums* von Reitberger und Fuchs, das für Petz das Medium neu beleuchtete, sowie der 2001-Verlag, der in den 70er Jahren bisher unerschlossene Quellen eröffnet. Auch der Austausch mit gleichgesinnten Comic-Sammlern vertieft das Interesse. Mitte/Ende der 70er Jahre erlahmt es für einige Zeit. Petz nimmt das Comic-Sammeln erst 1981 während seines Studiums in Hildesheim wieder auf; seitdem arbeitet er auch im Comic-Fachhandel. Besonders achtet er auf Literatur, die das Medium beschreibt und reflektiert. „Ich hab' mich nie für's Sammeln entschieden, das ist so allmählich gekommen. Man hat Hefte, man findet sie gut. Daß ich angefangen habe zu sammeln, hat damit zu tun, daß ich immer mehr über das Medium und seine künstlerischen Qualitäten wußte."

Jürgen Petz sammelt deutsche und US-amerikanische Comic-Hefte, europäische Comic-Alben, Hardcover-

und Paperback-Sonderpublikationen, sowie Sekundärliteratur (Bücher und Zeitschriften). Sammelkriterien
sind dabei sowohl graphische als auch erzählerische
Qualität. So zieht er in seiner Gesamtbewertung Künstler vor, die Graphiker und Autor in Personalunion ver-
einen. Genannt seien hier als Schöpfer von sogenannten Autorencomics: Will Eisner, Robert Crumb, Hugo
Pratt, Hergé, Jaques Tardi und Daniel Clowes. Der
Wunsch, Serien komplett zu besitzen, die Seltenheit der
alten Hefte, die graphische Brillianz eines Albums, seine gestalterische Ausgefallenheit, animieren Jürgen Petz
dazu, seine Sammelung zu erweitern. Petz: „Rationa-
lität verweigert sich. Oft stellt sich mir die Sinnfrage:
Warum? Wäre ich nicht ein glücklicherer Mensch, wenn
ich nur 10 Schallplatten und 5 Bücher besitzen würde?"
(Sieht sich um, grinst.) Auch wenn sich - wie er sagt -
sein Interesse und sein Geschmack ständig wandeln, so
bleibt Jürgen Petz dem Medium treu. Er war freier re-
daktioneller Mitarbeiter bei einem Magazin über Comics (*Hit-Comics*) und erstellte den *Prize-Guide*. Wün-
sche hat er einige, „würde aber nicht dafür morden".
So hätte er gern mehr Originalzeichnungen (drei hat er
schon) oder Silver-Age-Hefte (US-Comics aus den 60er
Jahren), was aber („noch!") zu kostspielig ist. Er wünscht

sich mehr Zeit zum Lesen und - mehr Platz und grös-
sere Regale! Die eingangs erwähnte, fast symbiotische
Verbindung von Sammlung und Lebensraum charak-
terisiert Jürgen Petz zum Abschluss sehr treffend: "Ziel
ist nicht eine komplette, sondern eine perfekte Sammlung. Die ständige Änderung der Perspektiven macht
das zu einem immerwährenden Prozess. Trotzdem wird
wenig weggegeben, nur anderes hinzugefügt, wie ein
Organismus, der sich entschliesst, an einer anderen Stelle weiterzuwachsen."

Miriam Heine

Sammeln oder doch verkaufen?

„Ein Antiquar saugt aus jeder Blüte Honig", erklärt H.G. Vree und erinnert sich der Anfänge seiner Lesezeichensammlung. „Ich bin kein typischer Sammler, dann schon eher ein Hamster, ein Aufheber, ich werfe

nichts weg", erläutert der 51jährige Antiquar sein Selbstverständnis.

Die Lesezeichensammlung von Vree umfaßt einige hundert Exemplare, die genaue Stückzahl ist ihm nicht bekannt. Fein säuberlich einsortiert ruht ein jedes Lesezeichen hinter Folie; zusammengestellt in zwei Ordnern liegen sie in seinem Hildesheimer Antiquariat in einer Pult-Vitrine.

Vor etwa zwanzig Jahren begann Vree damit, alles aufzuheben, was er in alten Büchern fand: Geld, Brokatpapiere, persönliche Dokumente früherer Besitzer, Erbscheine, Bilder, Postkarten, Rabattmarken und Lesezeichen. Zunächst hob er die Funde in Kisten auf, erst nach und nach katalogisierte er die unterschiedlichen Papiere. „Die Vielzahl der Dinge schreit nach einer Ordnung", beschreibt Vree seine Motivation, die Fundstücke zu systematisieren.

Die Lesezeichen reizten den Antiquar in ihrer facettenreichen Vielfalt, so daß er sie nach Rubriken sortierte: Die meisten tragen Werbung von Buchhandlungen und Verlagen. Viele sind selbst hergestellt: gebastelt, gehäkelt, gepreßt, bestickt, aus verschiedenen Materialien wie Leder, Filz und Pflanzen. Es finden sich auch andere Einzelstücke: Lesezeichen, die Instruktio-

zu er die Lesezeichen aufhebt: zum Sammeln oder doch nur zum Verkaufen. „Die gesamte Sammlung würde ich auch verkaufen, wenn jemand Interesse hätte."

Kerstin Döring

nen der ehemaligen DDR zur Verkehrserziehung oder politische Parolen aus dem dritten Reich tragen. Sein Lieblingsstück, das Vree zu seinem Bedauern mittlerweile verkauft hat, war ein altes Pergamentpapier des 18. Jahrhunderts mit einem Fluch, der den treffen soll, der das geliehene Buch dem Besitzer nicht zurückgibt. Auf einer Antiquariatsmesse in Hamburg organisierte Vree eine kleine Ausstellung seiner Lesezeichen und fand Kontakt zu anderen Antiquaren, die derselben Sammelleidenschaft frönen wie er. Insgesamt sei das Sammeln von Lesezeichen aber eher „eine einsame Geschichte", sagt Vree. Er ist sich nicht einmal sicher, wo-

14.000 Minis

Schnaps ist Schnaps - die wörtliche Gültigkeit des Sprichwortes ist bei der Breite des Angebots, von der man sich in jedem Supermarkt ein Bild machen kann, wohl zu bezweifeln. Auch Schnapsflasche ist nicht gleich Schnapsflasche. Es gibt sie in verschiedenen Formen, mit verschiedenen Verschlüssen, in verschiedenen Größen - um nur die gängigsten zu nennen: mit 0,7 l oder 0,5 l Inhalt, mit 0,1 l als sogenannten Flachmann oder mit 0,05 l und weniger gefüllt - als Miniaturschnapsflasche.

Die kennen Sie natürlich - denken Sie. Kleiner Feigling und so! Genau von Flaschen dieser Größe ist die Rede. Der Miniaturflaschensammler nennt diese Partyausgaben übrigens Spaßflaschen. Daß es neben ihnen viele weitere Abfüllungen in den kleinen Flaschen gibt, ist weniger bekannt. Dabei bieten seit Anfang des Jahrhunderts viele Hersteller zumindest Teile ihres Sortiments auch in Miniaturflaschen an. Im Laufe der Zeit entwickelte sich eine rege Sammlerszene. Besonders in den 80er Jahren waren die Minis, wie sie auch genannt werden, gefragt. Heute ist das nicht mehr so. Die kleinen Flaschen sind out bei vielen Sammlern und Käufern. Prompt werden immer weniger hergestellt.

Bärbel und Joachim Bode können nicht verstehen, warum das Interesse an diesem für sie so spannenden Sammelgebiet nachgelassen hat. Sie haben in 15 Jahren 14.000 Flaschen zusammengebracht, besitzen die drittgrößte Sammlung in Deutschland, und sind noch immer mit großer Begeisterung dabei.

Der Großteil der Flaschen steht in Regalen in einem Hobbyraum, nach Hersteller und Sorte geordnet. Um alle auszustellen, reicht der Platz nicht aus. Das Ehepaar kauft einzelne Flaschen und kleine Serien, wann immer sich die Gelegenheit bietet. Bodes haben aber auch schon ganze Sammlungen erstanden und sind auch weiterhin an deren Ankauf interessiert. Denn dabei ergibt sich manchmal die Möglichkeit, vornehmlich ältere Stücke zu ergattern, die auf dem Markt sonst kaum noch zu bekommen sind. Dafür werden auch doppelte Exemplare in Kauf genommen: etwa 2.000 Flaschen besitzen Bodes in zweifacher Ausführung.

Zur Freude am dekorativen Aussehen der Flaschen, die Bärbel Bode zunächst zum Sammeln bewegte, kam bald ein tiefergehendes Interesse. Das Ehepaar versucht inzwischen, möglichst viel über die Geschichte der Minis und die Hintergründe der Schnapsproduktion herauszufinden, z.B. durch Reisen zu Produzenten oder Abfüllern. Leicht ist das nicht: viele Hersteller sammeln Wissen über ihre Firmengeschichte nur sporadisch und haben darüber hinaus wenig Neigung, dieses weiterzugeben. Die meisten Flaschen sind sehr schwierig zu datieren. „Manchmal hat man Glück und trifft auf jemanden, der schon sehr lange für eine Firma arbeitet. Der kann dann wenigstens anhand seiner Erinnerung Auskunft geben, z.B. darüber, ab wann bestimmte Verschlüsse nicht mehr benutzt wurden."

Die Erkenntnisse über die Flaschen werden akribisch festgehalten, zusammen mit genauen Angaben über In-

haltstoffe, Alkoholgehalt, Füllmenge u.v.m. Joachim Bode ist dabei, einen Katalog über die Sammlung zu erstellen, auch als Nachschlagewerk für die Freunde im *Verein der Miniaturflaschensammler Deutschlands*. Dafür scannt er nach und nach sogar das Label jeder seiner Flaschen in den Computer ein.

Bodes wollen mit ihrem Sammeln ein Stück deutscher und europäischer Tradition bewahren. Sie träumen davon, ein kleines Museum einzurichten, in dem sie ihre Stücke präsentieren können. Auch ein Whisky-Faß, Torf und Gerste aus einer schottischen Destille warten schon darauf, ausgestellt zu werden.

Bis es soweit ist, wird sich das Ehepaar weiterhin den Minis widmen und versuchen, viel über sie zusammenzutragen. Nur eins tun Bärbel und Joachim Bode nicht: die kleinen Flaschen austrinken. Die sind alle noch voll. Austrinken? Das ist gegen die Sammlerehre. Dienst ist schließlich Dienst.

Christine Raudies

Das Schubladenmuseum

Im *Hildesheimer Literaturlexikon von 1800 bis heute* erfährt man, daß Anna Eunike Röhrig als Bibliothekarin, Romanschriftstellerin und Übersetzerin tätig ist. Wer sie privat kennt, weiß, daß sie daneben noch Zeit findet, Sammlerin zu sein. Schon mit neun Jahren veranstaltete sie in ihrem Zimmer eine Ausstellung mit Straßenfunden, Geschenken und Kuriositäten, Eintrittspreis 50 Pfennig. Im gleichen Jahr nahm ihr Vater sie in eine Buchhandlung mit, die Kunstpostkarten führte. Anna Eunike Röhrig entdeckte eine Postkarte mit der Madonna von Edgar Munch. Von diesem Bild war die Neunjährige so hingerissen, daß sie es einfach haben mußte. Der Vater erfüllte ihr den Wunsch und kaufte für 40 Pfennig die Kunstpostkarte. Anna Eunike trug die Madonna immer bei sich und betrachtete sie oft, sehr zum Mißfallen ihrer Mutter. Was sollten die Leute von einem Kind denken, das beständig einen Halbakt mit sich trug?

Als Anna Eunike vierzehn Jahre alt wurde, kaufte sie sich von ihrem Taschengeld die erste Kunstpostkarte, und ab dieser Zeit war sie ständig auf der Suche nach

Postkarten mit Abbildungen von Kunstwerken aus dem Mittelalter bis zur Gegenwart. Sie bevorzugte Tafelbilder und Porträts, daneben aber auch Bilder in ihren Lieblingsfarben blau und grün. Auf sechs Kisten und zwei Schubladen ist die Sammlung inzwischen angewachsen. Die Kunstpostkarten sind chronologisch in der Reihenfolge der Entstehung der Werke geordnet, ein Verzeichnis der etwa 7.000 Stück gibt es nicht.

Anna Eunike Röhrig ist häufig auf Reisen, besucht Museen und bringt Kunstpostkarten mit, die ihr die Erinnerung an das Gesehene und Erlebte bewahren helfen.

Die Sammlung erlaubt es ihr, sich näher mit Kunst und Kunstgeschichte zu beschäftigen.

Nachdem die Sammlerin schon zahlreiche gemalte Porträts von Herrscherdynastien auf Kunstpostkarten besaß, stieß sie bei einer London-Reise auf Fotopostkarten mit ähnlichen Aufnahmen von der englischen Königsfamilie, genauer: von Queen Elizabeth und Lady Diana. Es stellte sich ihr das Problem, ob die fotografierten Porträts eine Erweiterung ihrer Sammlung darstellten oder auszuschließen seien. Welche Sammlerin und welcher Sammler hätte sich bei einem solchen Konflikt für die restriktive Lösung entschieden? Anna

Eunike Röhrig entschied sich für die „große Lösung". So sind, allen diplomatischen Verwicklungen zum Trotz, die Königshäuser von Belgien, Norwegen, Liechtenstein, Luxemburg, Monaco, Griechenland, Rußland, Italien, Holland, Thailand und Swasiland mit ihren Repräsentanten friedlich in Anna Eunike Röhrigs Ordnern vereint, chronologisch geordnet nach dem Alter der Aufnahmen. Und die ca. 300 Fürstenbilder haben sich längst zu einer eigenständigen Sammlung entwickelt.

Eine besondere Bewandnis hat es mit den Postkarten von der thailändischen Königsfamilie. Sie gibt es, und dies ist streng reglementiert, nur zum Neujahrsfest. Der König wird als heilig angesehen. Wer sich auch nur seinem Abbild gegenüber unwürdig verhält, kann ins Gefängnis gesperrt werden. Die Sammlerin sah die Postkarten und Hochglanzporträts bei einem Glaser. Es gelang ihr, ihn zu überreden und sie durfte die kostbaren Bilder mitnehmen.

Der Bericht über die Sammlerin Anna Eunike Röhrig wäre nicht vollständig ohne den Hinweis, daß sie auch Bücher mit Widmungen sammelt. Aber das ist bei ei-

ner Frau, die dem Buch auf so vielseitige Weise verbunden ist und überdies leidenschaftlich sammelt, so
naheliegend, daß es sich beinahe schon von selbst versteht.

Johanna Schumann

Hefe und Kristall

„Nach meinem ersten Weizenbier ist mir schlecht geworden", erzählt Josef Knieke. Mit der Zeit ist er auf den Geschmack gekommen. Schließlich begann er sich nicht nur für den Inhalt, sondern auch für die Gläser zu interessieren und Weizenbiergläser mit Brauereiaufdruck zu sammeln. Ihm fiel auf, daß es eine erstaunliche Vielfalt unterschiedlicher Größen und Formen gibt. Die Dubletten nicht eingerechnet, hat Knieke über 100 verschiedene Weizenbiergläser zusammengetragen, seitdem er vor zehn Jahren sein erstes Glas von der

Oberdorfer Brauerei als Zugabe zu einem Bierkasten erhielt. Es wären noch mehr, wenn er die Gläser nicht anfangs wahllos verschenkt hätte; worüber er sich noch heute ärgert, da darunter Stücke waren, die er nun selbst nicht mehr besitzt.

Der 38jährige hat sich ein Preislimit von 100 DM für ein außergewöhnliches Glas gesetzt. Er möchte sich auch an diese Vorgabe halten, „obwohl es da schon immer ein Haben-wollen gibt", wie er sich selbst eingesteht. Doch zum Glück kann er die meisten Gläser in Restaurants erstehen, wo er sie nach dem Austrinken für ca. fünf Mark mitnimmt. „Eigentlich sind das alles zufällige Käufe", so Josef Knieke. Er erwirbt die Stücke am liebsten im Urlaub, wenn er auch das dazugehörige Bier probiert hat, und so eine besondere Erinnerung mit dem jeweiligen Glas verbindet.

Von der Erdinger Brauerei besitzt er Gläser von Schnapsglasgröße bis zu solchen mit drei Litern Fassungsvermögen. Meistens ist es jedoch die Form, die die Gläser unterscheidet. Diese wirkt sich, wie er versichert, sogar auf den Geschmack aus. Besonders stolz ist er auf seine Lieblingsgläser, eine Reihe der Maisels Brauerei, auf der vierzehn verschiedene nostalgische Motive abgebildet sind. Bei einem Besuch in Bayreuth stellte er fest, daß er Gläser besitzt, die die Brauerei selbst nicht mehr hat. Dort wollte er sich auch nach der Entstehung der unterschiedlichen Glasformen und -größen und nach der Tradition des Aufdrucks erkundigen - leider ohne Erfolg. Knieke hat keinen Kontakt zu anderen Sammlern und vermutet, daß es auch keine Kataloge oder andere gedruckte Informationen zu diesem Gebiet gibt. Obwohl er nicht auf Vollständigkeit sammelt, würde es ihn doch interessieren, wieviele unterschiedliche Weizenbiergläser eigentlich hergestellt wurden. Josef Knieke betont, daß er seine Sammlung eigentlich für eine Spinnerei halte und sie nicht ernst nehme. Allerdings sei er traurig, wenn eines der Gläser kaputtgehe. Deshalb wird bei Kniekes auch nur aus denen getrunken, die doppelt vorhanden sind. Die Gläser sind eben doch mehr als nur Gebrauchsgegenstände, und einige von ihnen würde er niemals verkaufen. „Die Gläser stehen zwar manchmal vier bis sechs Wochen unbeachtet im Keller, aber es ist ein schönes Gefühl, zu wissen, daß sie da sind", lächelt Josef Knieke. Er sieht im Sammeln eine sinnvolle Beschäftigung, da man immer wieder etwas Neues findet und so immer etwas zu tun hat.

Allerdings verbindet ihn Sammellust, keine Leidenschaft

mit den Gläsern. Seine wahre Liebe gilt seinem Hobby. Der Polizeibeamte besitzt 50 Bonsai-Bäume, um die er sich liebevoll kümmert. Er verbringt viel Zeit mit der Pflege der Pflanzen und dem Kontakt zu anderen Bonsai-Liebhabern und -Vereinen. Auch finanziell übt er hier weniger Zurückhaltung. Seine gesamte Bierglassammlung hat etwa den materiellen Wert eines Bäumchens. Wenn die Bonsais jedoch in ihrem Winterquartier sind, widmet sich Josef Knieke wieder den Weizenbiergläsern in seinem Keller.

Sonja Zimmer

Die Kugelschreiberconnection

Sie sind Arbeitskollegen im Bernwardkrankenhaus, Freunde und die wohl härtesten Konkurrenten bei der Jagd nach Kugelschreibern: Rüdiger Waltz, 1957 geboren in Sehnde, technischer Mitarbeiter, Besitzer von ca. 5.000 Kugelschreibern und Gerd Burckhardt, 1954 geboren in Dresden, Gas- und Wasserinstallateur, Besitzer von ca. 1.500 Kugelschreibern.

Sie teilen die gleiche Leidenschaft, das gleiche 'Jagdrevier', ihre Motive sind jedoch grundverschieden.

Trifft man beide, so scheinen sie durch eine spielerische

'Haßliebe' verbunden. Da wird übereinander gespottet, Ossi- und Wessiwitze werden zum besten gegeben und es wird getauscht und gefeilscht.

In ihrer Gegenwart sollte man sich gut überlegen, welchen Kugelschreiber man zuckt, denn die gewieften Sammler können auf die Erfahrung einiger hundert bzw. tausend Verhandlungsgespräche und Tauschgeschäfte zurückgreifen - doppelte Kugelschreiber als Gegengabe sind immer bereit.

Waltz spricht gerne jeden an, ob im Restaurant, im Geschäft, auf der Straße; Burckhardt tauscht bevorzugt mit Leuten, die er kennt. Waltz hat seine Taktik optimiert: er trägt stets ein Foto seiner Sammlung bei sich: „Wenn die Leute das sehen und verstehen, daß ich die wirklich sammle, geben sie viel lieber!" Freunde schenkten ihm zum Geburtstag 300 Kugelschreiber mit der Aufschrift 'Ich hab auch schon mit Rudi ... getauscht', was seine Erfolge noch erhöhte. Inzwischen sind jedoch alle bis auf drei (in verschiedenen Farben) verbraucht.

Ihre Sammlung bietet jederzeit Gesprächsstoff mit Bekannten wie Fremden; die Erinnerung an die einzelnen Verhandlungen sind beiden sehr wichtig. Jeder Kugelschreiber hat eine Geschichte.

Als ihnen eine Sammlung von 20.000 Stück zum Kauf angeboten wurde, lehnten sie ab, weil ihnen dies zu unpersönlich war.

Jeder hat eigene 'Lieferanten', deren Namen er dem anderen auf keinen Fall nennt. Um exklusiv versorgt zu werden, vergattern sie ihre Zuträger.

Wie kam es zu dieser Leidenschaft?

Waltz, der schon halbherzig Schreibmaschinen und Fotoapparate sammelte, nahm bei einer Büroauflösung einige Kugelschreiber mit und stellte fest, daß alle sich in Form, Farbe und vor allen Dingen durch die Werbeaufdrucke unterschieden. „Ich hab' mich gefragt, wie lange es wohl dauern würde, bis man hundert verschiedene zusammen hat, und dann hab ich mich gefragt, wie lange ich für tausend brauche." Das war vor ungefähr fünf Jahren.

Burckhardt wohnte vor der Wende in Dresden. In der DDR gab es keine Kugelschreiber mit Werbeaufdruck. „Da gab es sowieso nur zwei Modelle und die waren langweilig und relativ teuer. Wenn dann einer aus dem Westen über meinen Tisch gekommen ist, hab ich den behalten, weil der schön bunt war, und ein bißchen Farbe braucht man schließlich." Auch der Onkel seiner Frau aus der BRD, der für seine Firma Werbeträger an-

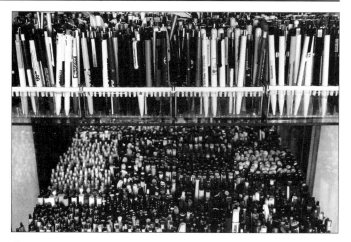

fertigen ließ, brachte den einen oder anderen mit. Nach der Wende in den Westen umgesiedelt, erhielt Burckhardt an seinem neuen Arbeitsplatz von einem Vertreter eine ganze Tüte mit Kugelschreibern, die er verteilen sollte. Dieser Haufen der einst so raren Objekte beeindruckte ihn tief - er begann, seine bis dahin kleine Sammlung zu erweitern.

Was ist an Kugelschreibern mit Werbeaufdruck so interessant?

Burckhardt: „Ich nehm' einen raus, schau mir den Aufdruck an und überlege, wo diese Firma sitzt, ob's die noch gibt. Eigentlich, denke ich, müßte man hinfahren und nachschauen und wenn's die Firma nicht mehr gibt, hat wenigstens der Kugelschreiber überlebt - aber das macht man dann doch nicht." Interessant ist für ihn, welche Firmen welche Stücke produzieren lassen und wie das Design sich mit der Zeit verändert. Oft sind es kleine Firmen, die teure Modelle bestellen. Manche Firmen lassen verschiedene Varianten anfertigen, z.B. aufwendige für Ärzte und einfache für Krankenschwestern. Waltz fasziniert die Mechanik der Kugelschreiber. Er sammelt nur die mit Werbeaufdruck, weil diese in einer beschränkten Auflage produziert werden und weil die anderen jeder kaufen kann. Außerdem sind Kugelschreiber praktisch als Sammelobjekt: sie nehmen wenig Platz weg und sind wegen ihres geringen Wertes leicht zu erjagen.

Waltz interessiert sich nicht für die Geschichte des Kugelschreibers und der Werbung, während Burckhardt dies alles nachgeschlagen hat, für den Sammlerkatalog, den die beiden zusammen erstellen wollen. Waltz, der seine Sammlung nic auflösen würde, könnte sich vorstellen, seine eigene eines Tages mit Burckhardts zusammenzuwerfen. Allerdings: „Nur auf neutralem Boden!"

Warum sammeln die beiden? Waltz: „Man muß sammeln, sonst hinterläßt man nichts von sich!"
Burckhardt: „Es ist der Reiz des Unfaßbaren, daß man nie alle haben kann!"

Letztlich, so scheint es, geht es ums Tauschen, Überreden, Schenken und um die Gewißheit, je verrückter
man hinter einem an sich wertlosen Gegenstand her ist,
desto menschlicher ist man.

Katja Hartloff

Aus aller Welt

Dann und wann ein weißer Elefant

Schon die Garagentür der Familie Perkuhn ist von einem Elefanten geschmückt. In der Wohnung begegnet der Besucher diesen Tieren dann auf Schritt und Tritt. Die Sammelleidenschaft des Ehepaares begann auf ei-

ner Reise nach Sri Lanka vor über 25 Jahren. Sie sahen dort die prachtvoll geschmückten Elefanten in feierlichen Prozessionen sowie zahlreiche figürliche Darstellungen in Tempeln, die dem elefantenköpfigen Gott Ganesha geweiht sind. Sie sahen aber auch, wie die Elefanten nach getaner Feldarbeit von ihren Führern, den Mahouts, versorgt wurden. „Diese gewaltigen Tiere mit ihren langsamen aber dennoch kraftvollen Bewegungen wurden für uns zum Symbol der asiatischen Kultur schlechthin", sagt Marianne Perkuhn.

Trotzdem waren die ersten Elefanten, die im Koffer den Weg nach Niedersachsen fanden, nur Mitbringsel für Freunde. Vom Elefantensammeln war zunächst noch nicht die Rede.

Während weiterer Reisen nach Asien wurde dem Ehepaar immer wieder die wirtschaftliche, kulturelle und religiöse Bedeutung der Elefanten bewußt. So ließen sie sich zum Beispiel von einem Elefanten mit dem Rüssel segnen, denn, so sagt Marianne Perkuhn, ein guter Wunsch kann auf Reisen niemals schaden. „Auch unser Fahrer ging selbstverständlich vor jeder Fahrt in einen Ganesha-Tempel, um für eine gute Wiederkehr zu opfern. Offensichtlich hat uns dieser göttliche Beistand immer sicher durch das unbeschreiblich chaotische Verkehrsgewühl geleitet. Jedenfalls hat unser Fahrer nie vergessen, sich nach jeder Rückkehr bei Ganesha zu bedanken und ein weiteres Opfer darzubringen."

So ist es nicht verwunderlich, daß die Perkuhns den Wunsch hatten, diese Glücks- und Segensbringer mit nach Hause zu nehmen.

Auf den Märkten der verschiedenen Länder fanden sie zahlreiche kleinere und größere Elefantenfiguren. Sie kauften aber nicht blind darauf los, sondern suchten nach Stücken mit handwerklich-künstlerischem Wert. Oft gingen sie mehrere Tage hintereinander zu den Verkäufern, betrachteten die Stücke, feilschten und kauften erst nach reiflicher Überlegung.

Auf diese Weise kamen immer mehr Elefanten nach Holle und fanden bei den Perkuhns ein neues Zuhause. Bis heute ist die Sammlung auf 120 Exemplare angewachsen. Sie sind aus verschiedenen Materialien: Metall, Holz, Glas, Porzellan, Pappmache und Stein, wie z.B. Jade. Aber auch Möbel, Bilder und Wandteppiche, die mit Elefanten verziert sind, lassen sich entdecken, wie ein runder Tisch mit Intarsien und verschiedene Batiken.

Für das Sammlerehepaar ist es wichtig, daß es die Stücke jeden Tag sehen kann, um sich an ihnen zu erfreuen.

Selbst leicht beschädigte Exemplare behalten ihren Platz. Die Sammelleidenschaft hat sich herumgesprochen. Auch von Bekannten und Verwandten werden sie inzwischen mit Elefanten bedacht. Diese würden sie schon mal tauschen, nicht aber die, die sie selbst von Reisen mitgebracht haben. Denn es sind die mythischen Geschichten und ihre besonderen Erlebnisse, die sie mit ihren Elefanten verbinden.

Carolin Ferres

Rauch und Schall

Benjamin Hickmott wurde 1961 bei Oxford in England geboren und wuchs in Australien auf. Er kehrte nach England zurück, um den Beruf des Geigenbauers zu erlernen. Mit sich nahm er eine Packung Zigarettenpapier aus Australien. Er brach die Packung nie an, sondern bewahrte sie als Erinnerung an seine Heimat auf. Die Auszubildenden, die er in England kennenlernte, kamen aus aller Herren Länder. Und ihm fiel auf, daß jeder ein anderes Zigarettenpapier benutzte. Benjamin Hickmott überraschte die Vielfalt dieses unscheinbaren

und doch für den Raucher wichtigen Gebrauchsgegenstandes; denn der Geschmack einer Zigarette hängt durchaus von dem Papier ab. Man kann sogar vom Papier auf den Nationalcharakter schließen. In Deutschland verwendet man überwiegend dicke Papiere, die das Drehen von schönen gleichmäßig runden Zigaretten erleichtern - leider zum Nachteil des Geschmacks. Hingegen verwenden die Franzosen dünne Papiere, die den Geschmack des Tabaks zur Geltung bringen.

Neugierig geworden, kaufte Hickmott sich verschiedene englische und ausländische Zigarettenpapiere, um sie zu testen. Außerdem bat er seine Freunde, ihm von ihrem nächsten Heimatbesuch oder aus dem Urlaub Zigarettenpapier mitzubringen. Die eher zufällige Anhäufung verschiedener Sorten wuchs zu einer kleinen Sammlung. Hickmott bemüht sich, jeweils zwei Päckchen von jeder Sorte zu bekommen, das eine zum Sammeln, das andere zum Ausprobieren.

Die Blättchen unterscheiden sich nicht nur in Farbe, Form und Größe; einige zeigen einen Aufdruck und ein Wasserzeichen. Es gibt sie unter anderem aus reis-, mais- und holzhaltigem Papier. Einige sind sogar mit Aromastoffen durchtränkt. Aufdruck und farbige Gestaltung der Verpackung sind charakteristisch für die Herkunftsländer. Ändert eine Firma den Aufdruck, wird z.B. der Verpackung ein Strichcode hinzugefügt, ist die Variante sammelnswert.

Benjamin Hickmott sammelt seit 20 Jahren. Er bewahrt die ca. 200 Packungen in drei großen Zigarrenkisten auf. Niemals nimmt er eine von ihnen heraus, um sich eine Zigarette zu drehen. Auch nicht, wenn ihm einmal sein Zigarettenpapier ausgeht. Er findet die Blättchen selbstverständlich in Tabakgeschäften, aber auch auf Flohmärkten und beim Antiquitätenhändler. Viele Stücke seiner Sammlung bekommt er geschenkt. Der höchste Betrag, den er je ausgegeben hat, beläuft sich auf fünf Mark. Auf manchen Packungen sind Adressen der Hersteller abgedruckt, aber er hat sie noch nie angeschrieben, um an ihr neuestes Sortiment zu gelangen. Für ihn steht das Finden im Vordergrund. Ob er oder seine Freunde die Finder sind, ist dabei nicht wesentlich.

Die meisten Zigarettenpapiere, die er besitzt, kommen aus Spanien oder Frankreich. Einige wenige stammen aus Italien, Belgien und Kanada. In Amerika und im ehemaligen Ostblock werden kaum welche hergestellt. Dort ist Zigarettenpapier hauptsächlich Importware. Hickmott hebt hervor, daß er kein türkisches Zigaret-

tenpapier besitzt. „In der Türkei besteht ein Verbot, Zigarettenpapier zu produzieren und zu verkaufen." Vermutlich erhofft man sich damit, den Konsum von Haschisch einzudämmen.

Besonders stolz ist der Sammler auf eines seiner ältesten Exemplare: Ein Freund von ihm entrümpelte einen Speicher und fand Zigarettenpapier, das von der Wehrmacht in den 40er Jahren an die Soldaten ausgegeben wurde. Dieses 60 Jahre alte Papier ist deshalb eine besondere Rarität, weil Zigarettenpapiere nicht dauerhaft haltbar sind.

Da Benjamin Hickmott einige Doubletten hat, würde

er gerne mit anderen Sammlern tauschen, kennt aber leider niemanden in der näheren Umgebung, der sein Interesse teilt. Daher bleibt die Sammlung von Zeit zu Zeit unbeachtet und erwacht erst dann wieder zum Leben, wenn er durch ein fremdes Land reist und neue Fundorte aufspürt.

Johanna Schumann

Fremder Sand

Sonne, Strand und Meer - feiner weißer Sand ist der Inbegriff von Fernweh, Urlaub und Freiheit. Als Souvenir bringen sich viele Touristen etwas Sand aus ihrem Sommerurlaub mit nach Hause. Erhard Beelte kehrt dieses Prinzip um. Auch er sammelt Sandproben, doch bieten ihm diese keine Erinnerungen, sondern Ausblicke: „Der Sand ermöglicht mir Assoziationen zu Landschaften, die ich noch nie gesehen habe."

Der Sammler besitzt über 150 verschiedene Sandproben, hat aber keine einzige davon selbst aus dem Herkunftsland mitgebracht. Da er keine Fernreisen unternehmen kann, bat der Gymnasiallehrer vor 15 Jahren seine Schüler, aus ihren Sommerferien ein bißchen Sand mitzubringen. Einige nahmen ihn beim Wort und schenkten ihm Sandproben aus Urlaubsländern, wie Mallorca und der Türkei. Diese bewahrte er sorgfältig auf. Häufig bringt er den Sand mit in die Schule, um seinen Schülern das Fach Geographie plastisch näher zu bringen. Er sieht es als „zusätzliches Lernmaterial, um der sprichwörtlich trockenen und grauen Theorie der Bücher Leben und Farbe zu geben."

Beeltes Interesse sprach sich schnell herum und immer

mehr Schüler, Kollegen, Freunde und Bekannte versorgten ihn mit einem Stückchen Strand aus ihren Ferien. Die ehemals kleine Sammlung entwickelte sich zu einem Selbstläufer, und Erhard Beelte beschloß, nachdem er Dutzende Proben aus den häufig besuchten Ländern rund ums Mittelmeer bekommen hatte, sein Sammelgebiet einzugrenzen. Er wünscht sich nur noch Sand aus außereuropäischen Ländern, denn dorthin zieht ihn die Sehnsucht nach dem Fremden. Trotzdem freut er sich über jedes Mitbringsel, auch wenn es Sand aus Europa ist, oder er bereits Proben aus dem Land besitzt, da er weiß, daß jemand an ihn gedacht hat, und das macht ihn glücklich.

Inzwischen hat er fast alles: roten australischen Sand, schwarzen aus Neuseeland, japanischen und den feinen weißen Sand der Sahara. Nur eines fehlt ihm noch: Sand aus der Antarktis. Zwar ist nur etwa ein Prozent des Erdteils nicht mit Eis bedeckt, doch dort läßt sich auch antarktischer Sand finden. Leider hatte bisher niemand aus Beeltes Bekanntenkreis Interesse daran, seinen Urlaub in der Antarktis zu verbringen.

Eines würde der Sammler jedoch nie tun, eine Sandprobe kaufen oder tauschen - auch die begehrte antarktische nicht. Möglichkeiten dazu hätte er, denn immer wieder gibt es Sandbörsen, auf denen einheimische und exotische Sandproben angeboten werden. Auch Sandsammlervereinigungen haben sich etabliert. Davon hält Beelte jedoch nichts. Er hat kein Interesse an einer Zweckgemeinschaft mit anderen Sammlern, denn bei einem Tausch wüßte er nicht, von wem der Sand kommt, und somit hätte dieser keinen Wert für ihn.

Er beschriftet jedes Geschenk mit den Angaben, woher der Sand stammt und wer ihn mitgebracht hat. Anfangs füllte er ihn in einheitliche Tüten um, entschloß sich dann aber, ihn in den „Originalbehältern" zu lassen. So schmücken nun unterschiedliche kleine Tütchen, Gläser und sogar einige Fotodosen die Wand seines Büroraumes. An einer schmalen Leiste aufgehängt wirken die Sandproben so wie die Päckchen eines Adventskalenders.

Die Proben bieten einen optischen und haptischen Reiz:

Eine enorme Palette verschiedener Nuancen von Farbigkeit, Struktur und Festigkeit. Die unterschiedliche Körnigkeit, von der Feinheit gemahlenen Kaffees bis zu der festeren Lava, begeistert Beelte.

Von dort, wo Beelte bereits selbst war, würde er niemals Sand mitbringen. Da reicht ihm seine eigene Erinnerung. Erhard Beeltes Sammelleidenschaft gilt dem Sand aus der Fremde. Eine Fremde, die ihm durch den bekannten Boten nähergebracht wird. Seine Sammlung ist ein Ersatz für die Reisen, die er nicht machen konnte - mit ihr holt er sich ein Stück Welt nach Hause.

Sonja Zimmer

Zwischen Kuriosität, Kunst und Souvenir oder: „Es sind touristische Architekturmodelle von real existierenden Gebäuden"

Suchend kreist die Hand des Sammlers über dem Lübecker Holstentor, streift die Freiheitsstatue und hebt

schließlich den Kölner Dom liebevoll auf die andere Hand. Dort steht der kleine, sehr detailliert gearbeitete Dom auf einem wackeligen Untergrund und sein Sammler dreht und wendet das dreidimensionale Gebäude mit viel Freude in alle Richtungen. „Mit dem Dom und dem Ost-Berliner Funkturm begann die Sammlung" sagt Christian Weisker mit Blick auf ein kleines Stück Miniaturwelt. Sein Interesse an Architektur zeichnete sich schon früh beim Spiel mit Lego ab: nicht Autos, sondern Gebäude baute er am liebsten. Der studierte Kunst- und Architekturhistoriker greift zu einem Turm aus dem Jemen und deutet auf die Unterseite. Dort findet man einen winzigen Zettel mit Gebäudenamen, Preis, Ort des Kaufs und manchmal auch, von wem das kleine Modell geschenkt wurde oder wer beim Kauf dabei war.

Über die realen Bauten ist Christian Weisker nicht allein durch sein Studium bestens informiert, er kennt sie auch von seinen Reisen. „Sammeln ist eine sehr kommunikative Sache", erzählt er. Freunde schauen bei jedem Besuch nach neuen Modellen, und da die Miniaturen nicht teuer sind, bringen sie ihm von Reisen öfter mal ein neues Objekt mit. Ob es, wenn das gleiche Gebäude schon einmal vorhanden ist, in die Sammlung

stian Weisker sofort die Gebäude ein, die in seinem Wohnzimmer noch fehlen: Ägyptische Pyramiden, die Dresdner Frauenkirche und - er lächelt - „Eine Mini-Hildesheimer-Michaeliskirche in Holz, das wäre ein Wunsch von mir."

Ina Müller

aufgenommen wird, entscheidet Weisker nach den Kriterien: detailgetreue Abbildung, Farbgebung und Material sowie Größe und Schönheit. Drei Schiefe Türme von Pisa landen von der Regalleiste auf der Stuhllehne und zeigen deutlich, wie unterschiedlich gestaltet dasselbe Gebäude in Souvenirläden zu finden ist. Nicht nur der spielerische Umgang mit der realen Architektur macht dem 29jährigen Freude. Für ihn steckt gerade in den Dingen, die in Touristenshops verkauft werden, „ein Stück meist unreflektierter Seele des jeweiligen Landes". Und während das weiße Haus wieder seinen Platz auf dem kleinen Regal findet, fallen Chri-

Gott erhalt's

Es begann im Januar 1987. Handwerker hatten ihre geleerten Bierflaschen im Regal stehen lassen. Gerald Geduldig staunte, wie viele Marken es gibt und wie hübsch die Flaschen mit ihren unterschiedlichen Formen und Etiketten aussahen. Das war der Beginn einer wunderbaren Freundschaft.

Seitdem hält Gerald Geduldig gezielt nach Biermarken Ausschau. Da Bier sich nicht lange hält, geht damit die Verpflichtung einher, die Flaschen jeweils auszutrinken.

Der Sammler verleibt sich das Bier und seiner Sammlung die leere Flasche ein.

Mittlerweile bietet die Sammlung eine überaus bemerkenswerte Vielfalt. 1.158 Flaschen (Stand: 19.2.1999) sind liebevoll aufgereiht, keine ist doppelt vertreten. Die meisten sind aus Deutschland, speziell aus den Bierhochburgen Bayern und Baden-Württemberg. Akribisch führt der Sammler Buch und kann genau berichten, wie viele Flaschen er aus den einzelnen Ländern besitzt. Er zählt 22 europäische, vier afrikanische, sechs asiatische und neun amerikanische Staaten auf. Selbst Australien und Neuseeland sind vertreten.

Wie kommt man an die Flaschen heran, wenn man nicht gerade Weltenbummler ist? Nun, mexikanisches Bier gibt es heutzutage sogar in Hildesheim und schwedisches Bier bei Ikea. Viele Flaschen hat Gerald Geduldig während seiner Ferien entdeckt, vorzugsweise in Getränkemärkten, gelegentlich auch schon einmal in einer Gastwirtschaft. Rund 90 % aller Flaschen hat der Sammler selbst gekauft, aber auch die inzwischen erwachsenen Kinder steuern zur Sammlung bei, indem sie von ihren Auslandsaufenthalten dem Vater seltene

Biere mitbringen. Der älteste Sohn hat überdies die Präsentationsregale gebaut.

Gelegentlich bringen auch Freunde und Nachbarn Flaschen mit. Die selbst entdeckten - das geht wohl jedem Sammler so - haben jedoch den größten Reiz für Gerald Geduldig.

Das alte 0,5 Liter Format, das nicht mehr der Euronorm entspricht, hat es ihm am meisten angetan. Und er stellt fest, daß das Bier aus lieblos gestalteten Flaschen mit häßlichen Etiketten oftmals auch nicht gut schmeckt. Als Beispiel nennt er italienische Biere. Am liebsten mag er die belgischen - 87 verschiedene Bierflaschen aus diesem Land sind in seiner Sammlung vertreten.

Selbstverständlich muß jede Flasche gründlich gereinigt werden, bevor sie an ihren ausgewählten Platz kommt - des Geruches wegen. Die Flaschen stehen nicht willkürlich nebeneinander, sie sind - nach Herkunftsländern geordnet - zu einem beeindruckenden Gesamtbild komponiert. Die Zuordnung nach Ländern bedeutet, daß beim Erwerb einer neuen Flasche - z.B. aus Belgien - Hunderte neu gerückt werden müssen.

Was den Genuß unterschiedlicher Biersorten angeht, gibt es zweifellos verschiedene Auffassungen. Was immer jedoch der Betrachter als Getränk bevorzugen mag, er kommt - selbst als passionierter Milchtrinker - nicht umhin, diese mit Kennerschaft gepflegte Sammlung, dieses Arrangement, das sich als geschlossenes Ganzes präsentiert, schön und kulturgeschichtlich interessant zu finden.

Gudrun Wille

Glückskäfer

Das alte Wunderland der Pyramiden - so lautet der Titel eines Werkes, das im Jahre 1871 von Karl Oppel verfaßt wurde. Dieses Buch, das Dieter Platen immer wieder aus dem Bücherschrank seines Vaters nahm, hat einen bemerkenswerten Einfluß auf sein Leben ausgeübt. Der heute 59jährige erinnert sich, wie er bereits als kleiner Junge mit großen Augen Berichte über Ägypten verschlang. „Mit 16 Jahren habe ich mir dann einen Lebensplan gemacht", erzählt der Künstler. Seitdem bemüht Dieter Platen sich um die Realisierung seiner

Jugendträume und begibt sich regelmäßig auf abenteuerliche Reisen rund um die Welt.

Ägypten - das „Land der Skarabäen" - zählt zu seinen bevorzugten Reiseländern. 1982 erwarb Platen dort seinen ersten Skarabäus. Mittlerweile besitzt er 25 der im Volksglauben als Glücksbringer bekannten Käfer. Einige der Skarabäen ergatterte er handelnd direkt vor Ort. Sie dienten als Anregung für seine eigene künstlerische Produktion, denn er hat etliche Skarabäen in Barienrode selbst getöpfert. So reicht die Bandbreite seiner Sammlung von fingernagelgroßen Stücken bis zu ca. 80 cm massiven Tonplastiken.

Der Weltenbummler beobachtete die exotischen Tiere live in ihren heimatlichen Gefilden bei ihrer emsigen Roll- und Kugelarbeit. Doch schon von Anfang an stand neben dem biologisch-naturwissenschaftlichen Interesse die Faszination für die kultur- wie kunsthistorischen Hintergründe und Zusammenhänge. Der Mistkäfer, auch Pillendreher genannt, formt aus dem Dung pflanzenfressender Tiere Kugeln, in die das Weibchen seine Eier legt. Diese bis zu tischtennisballgroßen Dungkugeln rollt der Skarabäus, der dabei rückwärts krabbelt, vor sich her.

Im alten Ägypten verehrte man den Skarabäus als heilige Gestalt des Sonnengottes Re. Das Tier wurde als der Sonne wesensverwandt angesehen, weil es ihr mistkugelrollend im übertragenen Sinn beim morgendlichen Aufgang helfe. Das ständige Neuentstehen von Leben aus der Dungkugel wurde als Überwindung des ewigen Absterbens allen Lebens empfunden. Oft wurde auf ihren Unterseiten der Text des 30. Kapitels des ägyptischen Totenbuchs eingeritzt. Dieser bezieht sich auf die alles entscheidende Wägung des Herzens der Verstorbenen vor dem Totengericht. Auch als Amulette wurden sie dem einbalsamierten Toten anstelle des Herzens in die Brust gelegt.

Im Alltagsgebrauch dienten die Skarabäen als Schutzmittel gegen Krankheiten und Unglücksfälle. „Heute noch ist es bei den ägyptischen Kopten Brauch, einen Pillenkäfer in Baumwolle eingehüllt und in einer Walnußschale verschlossen um den Hals eines kranken Kindes zu hängen, damit es gesund wird", erklärt Dieter Platen. Kannte man in Mitteleuropa früher nur den Marienkäfer als Glücksbringer, hat sich in den letzten Jahren auch sein ägyptischer Verwandter, der Skarabäus, als Heilsbringer etabliert. So finden sich heutzutage auf vielen Flohmärkten und in Fußgängerzonen Stände, an denen das Glücksversprechen in Käferdesign feilgebo-

ten wird: Skarabäen an Lederbändchen oder als Talisman für die Hosentasche.

Kerstin Döring

Gerahmt

Schöner wohnen

„Es hat ‘ne Weile gedauert, bis ich eine Partnerin hatte, die das akzeptiert hat, es später sogar gut fand." Uwe Runge hatte schon lange mit dem Gedanken gespielt, seine Wohnung mit gerahmten Plastiktüten zu deko-

rieren, war jedoch mit dieser Idee auf wenig Gegenliebe gestoßen. Vor sieben Jahren hat er sie gefunden, die Freundin mit Verständnis, und inzwischen sammelt sie mit fast mehr Begeisterung als er: „Er hat mich angesteckt. Ich geh' schon mal in einen Laden und frag' nach einer Tüte, und wenn ich eine schöne sehe, muß ich die haben!"

Der Einfall war ihm über Nacht gekommen: „Ich denk' drüber nach, seh' das vor mir wie die an der Wand hängen und dann muß das sein. Warum Plastiktüten? Weil sie mir gefallen, heute gibt es leider nicht mehr viele schöne, es gibt sowieso immer mehr Papiertüten." Daher sammelt er diese jetzt auch. An den Tüten gefallen ihm die originellen oder graphisch interessanten Werbeaufdrucke. Die Vorliebe für Werbedesign zeigt sich auch im Flur, der mit einer originalgroßen *Camel*-Plakatwand tapeziert ist.

Manchmal treten bei der Beschaffung eines Alltagsgegenstandes wie einer Tüte ungeahnte Schwierigkeiten auf. Denn nicht alle Verkäuferinnen geben sie einfach so her, manche nicht einmal gegen Bezahlung, wenn man sonst nichts kaufen will.

Trotzdem sind inzwischen, auch mit der Unterstützung zahlreicher Freunde, ca. 300 Tüten aus verschiedenen

Ländern zusammengekommen.

Doch nur ein Teil schmückt, mit schwarzen Passepartouts gerahmt, das Wohnzimmer. Dies hat verschiedene Gründe: Zum einen sind es einfach zu viele, zum anderen sind den beiden Sammlern die Rahmen zu teuer geworden, aber wenn sie welche geschenkt bekommen erweitern sie die 'Ausstellung'.

In ihrer alten Wohnung hatten sie mit themenbezogenen Tüten (Drogeriemärkte, Seifen, etc.) auch das Badezimmer verziert. Im neuen Bad wird dies durch die Fliesen an den Wänden erschwert; aber Uwe Runge ist sich sicher, das er einen Weg finden wird. „Wo wir noch welche aufhängen wollen? In die Küche passen vielleicht Tüten von Kaffeefirmen und im Flur ist auch noch Platz."

Der Flur: Hier soll noch eine andere Sammlung von Runge präsentiert werden, seine Bierdosen. Doch da zeigt die Freundin weniger Verständnis, die Bierflaschensammlung mußte er schon hergeben und auch die Dosen- und die Weinflaschensammlung sind ihr eher ein Dorn im Auge.

Bei den Plastik- bzw. Papiertüten sind der 37jährige Hausmeister und die 30jährige Pflegehelferin sich einig. Von Zeit zu Zeit werden die ausgestellten Stücke

gegen andere ausgetauscht. Genug Material ist schließlich vorhanden und so hat man stets Abwechslung, auch wenn nicht alle Ideen umgesetzt werden können: So wollte sie in der Adventszeit mit Weihnachtstüten dekorieren, konnte jedoch nicht genug auftreiben, außerdem fehlte es ihr an Zeit.

Übrigens: Einkaufen gehen die beiden nur mit Stofftaschen.

Katja Hartloff

Perlen der Buchmalerei

Das Objekt: „Faksimile, (lat. fac simile 'mach ähnlich!') die mit einem Original in Größe und Ausführung genau übereinstimmende Nachbildung, Wiedergabe, bes. als photograph. Reproduktion, früher als Faksimile-Schnitt (als Holzschnitt, Kupferstich usw.)" (aus: *Meyers Grosses Taschenlexikon in 24 Bänden*, 1983).

Die Sammlung: ca. 220 Einzelblattfaksimiles aus 71 Handschriften, 3 Vollfaksimiles. Teile der Sammlung wurden bereits im November/Dezember 1993 unter

dem Titel *Perlen der Buchmalerei* in der Volksbank Hildesheim ausgestellt.

Der Sammler: Fritz Schucht, 70 Jahre, Rentner. Gelernter Betriebswirt, 29 Jahre lang Geschäftsführer des Einzelhandelsverbandes in Hildesheim.

Wirklich und wahrhaftig im Herzen von Hildesheim, am Marktplatz über dem Geschäftsgeschehen der Innenstadt, lebt Fritz Schucht. Er sammelt gern, verrät er mir, während wir uns schon über die ersten Faksimiles beugen, die die Schönheit der mittelalterlichen Buchhandschriften meisterlich nachbilden, einen Eindruck vermitteln von der Macht des Originals. Seit zehn Jahren sammelt Fritz Schucht Faksimile-Ausgaben mittelalterlicher Buchhandschriften, die jetzt, teils dezent gerahmt seine Wohnung zieren, teils in eigens dafür gefertigten Kassetten und Schubern auf den Betrachter warten. Fritz Schucht hatte schon immer Interesse an Kunst und Kunstgeschichte. Die zahlreichen Kunstbücher und Bildbände in seinen Regalen dokumentieren dies anschaulich. Seine Sammlung verwaltet er mit Hilfe einer Kartei. Herkunft und Geschichte der Ori-

ginale seiner faksimilierten Ausgaben interessieren ihn
ebenso wie der „rein ästhetische Aspekt, die Erbauung
an der Schönheit der Stücke". Seine Recherchen zu den
Exponaten für die Ausstellung 1993 hat er in einer Bro-
schüre zusammengestellt. „Man braucht viel Zeit", so
Schucht. „Zeit, die man gerne gibt." Denn es sei mehr
als nur ästhetisches Interesse, das ihn zum Sammeln be-
wege. Um dieses „mehr" zu beschreiben, erzählt er mir
die Geschichte des Sammlers aus der Novelle *Die unsichtbare Sammlung* von Stefan Zweig, der selbst ein
großer Sammler von Handschriften war:

Ein Sammler von Kunstdrucken, der eine umfangreiche und wertvolle Sammlung besitzt, erblindet. Seine
Familie gerät in eine finanzielle Notlage und beginnt,
ohne sein Wissen die kostbaren Drucke, um sie veräußern zu können, durch leere Blätter zu ersetzen. Eines Tages besucht ein Freund den blinden Sammler. Im
Verlauf des Abends zeigt ihm der Blinde seine Sammlung, die mittlerweile gar nicht mehr existiert. Der
Freund ist gewarnt und gibt vor, die angegebenen Stücke
zu sehen und zu bewundern, und der Blinde ist glücklich. Das Wissen um seine Sammlung allein genügt. Am
Ende wird konstatiert: Sammler sind glückliche Menschen.

Und so lautet auch der schmunzelnde Hinweis von Fritz
Schucht, als er mir zum Abschied die Hand gibt: „Den-
ken Sie daran, Frau Heine, wenn Sie darüber schreiben:
Sammler sind glückliche Menschen!"

Miriam Heine

Mit Brief und Siegel

Wie die elektronisch gesendete e-mail den postalisch verschickten Brief abgelöst hat, so hat dieser den durch Boten überbrachten ersetzt. Die professionelle Institution Post ist nicht nur in der Lage, schneller und billiger Botschaften zu überbringen, sie ist auch sicherer. Wo die Verbindung zwischen Sender und Empfänger für beide anonym vor sich geht, ist eine gezielte Verletzung des Briefgeheimnisses kaum noch zu befürchten. Wer nicht vermuten kann, daß eine verschlossene Nachricht für ihn wichtig oder wertvoll ist, wird nicht

unbefugt einen Brief öffnen. Umgekehrt gilt, je mehr der Bote von Sender und Empfänger weiß, um so größer ist für diese die Gefahr, verraten zu werden.

In der ach so guten alten Zeit, in der auch die schriftliche Kommunikation personal vermittelt wurde, bestand daher die Notwendigkeit, sich gegen Verrat und Mißbrauch zu schützen und Botschaften und Briefe vor den Augen Unbefugter sicher zu verschließen. Was lag näher, als das ursprünglich der Herrschaft vorbehaltene Siegelrecht auch im privaten einzusetzen. Bis ins 19. Jahrhundert, sogar bis in die 1930er Jahre - war es durchaus üblich, auch zum Zeichen besonderer Vertraulichkeit wie Vertrautheit, Briefe zu versiegeln. Das Siegel schützte überdies den Inhalt vor Diebstahl.

Ursprünglich hatte das Siegel bei amtlichen Urkunden die Funktion, die Echtheit zu beglaubigen. Heute dient hierfür zumeist der Stempel.

Zum Versiegeln braucht man ein vorübergehend bildsames Material, Siegellack oder Wachs, in das man das Siegel, eine Figur, einen Namenszug oder ein Wappen eindrückt. Das Siegel, eine gravierte Platte, ist entweder auf einem Siegelring oder an einem kurzen Handgriff befestigt. Diesen kurzen Handgriff samt Platte, die manchmal auswechselbar ist, nennt man Petschaft. Dieser Begriff wurde schon zu mittelhochdeutscher Zeit, also zwischen dem 11. und 14. Jahrhundert, aus dem Tschechischen entlehnt. Er bedeutet Siegel. (In Tschechien, früher Böhmen und Mähren, gab es rund um Karlsbad bis ins 20. Jahrhundert eine blühende Kleinindustrie, die Petschaften aus verschiedenen Halbedelsteinen in charakteristischer Mosaiktechnik auch für den Export herstellte.) Zwischen dem Siegelring und dem Petschaft stehen die an einer Kette um den Hals getragenen Mini-Petschaften.

Petschaften sind das Sammelobjekt eines Hildesheimers, der ungenannt bleiben möchte. Mitte der 60er Jahre brachte ein holländischer Freund dem Mittzwanziger das kulturhistorisch interessante Gebiet nahe. Der junge Mann, dem finanziell noch enge Grenzen gesetzt waren, erwarb in den nächsten drei Jahren 13 Petschaften in Berliner Antiquitätengeschäften. Dann unterbrach ein mehrjähriger Auslandsaufenthalt das Sammeln. 1973 nach Hildesheim zurückgekehrt und frisch verheiratet, begann er zielstrebig weiter zu sammeln. Seine Frau hatte sich von ihm anstecken lassen, und so

gingen sie zu zweit bei Antiquitätenausstellungen und Messen, besonders gern auf Reisen und im Urlaub in Antiquitätengeschäften oder Trödelläden, auf die Jagd. Inzwischen haben sie an die 350 Stücke aus allen Epochen, Stilrichtungen, Materialien und Formen zusammenbekommen. Das älteste ist ein eisernes Petschaft aus dem 15. Jahrhundert, dessen Material wie Gestaltung - Wappen mit Harnisch - auf eine ritterliche Herkunft verweisen. Die jüngsten sind Stücke aus Bakelit (einem Kunststoff), die wegen ihrer Form dem 'Art-Déco-Stil' zuzurechnen sind.

Als Gegenstand, der eine bedeutsame Funktion hatte, ist das Petschaft meist sorgfältig gestaltet. Dies macht es zu einem wahren kulturgeschichtlichen Spiegel, was dem Sammler die Einordnung der einzelnen Stücke ermöglicht. Die Stile des 17. bis 19. Jahrhunderts, Barock, Rokoko, Empire, und selbstverständlich auch die der Jahrhundertwende und des beginnenden 20. Jahrhunderts, Gelsenkirchener Barock, Jugendstil und, wie schon erwähnt, Art-Déco, finden sich bei seinen Petschaften wieder. Die Petschaften lassen häufig Rückschlüsse auf ihre ursprünglichen Besitzer zu. So gibt es z. B. Ausführungen für die Dame, bei denen das Petschaft einen Hohlraum für Stick- und Häkelnadeln enthält. Entsprechend dient dem vielbeschäftigten Herrn eine ähnliche Vorrichtung zum Herausschieben von Feder und Bleistift. Auch ständisch sind einige Petschaften leicht zuzuordnen: Einmal durch das Siegel, wenn es etwa ein adeliges Wappen trägt, und, wie im Falle eines ungarischen Grafensiegels, das Petschaft mit Topasen und anderen Halbedelsteinen geschmückt ist. Oder wenn Initialen das Siegel bilden und der Schaft aus einer Büste von politischen, militärischen und geistigen Berühmtheiten (Michelangelo, Goethe, Schiller, Wagner, Bismarck, Hindenburg) besteht. Beliebt sind als Verzierung des Schaftes auch Tier- und Pflanzen-Darstellungen. So weist ein Petschaft, dessen Schaft einen Adler mit einem Lorbeerkranz in den Klauen zeigt, während das Siegel das Konstantinische Kreuz mit der Siegesweissagung des Kaisers „In hoc signo vinces" trägt, wohl auf einen Militär als Besitzer hin. Vereinzelt vermitteln die Petschaften auch etwas vom Charakter ihrer ursprünglichen Besitzer. So ist das im wahrsten Sinne des Wortes Lieblingsstück des Sammlers ein, wie er es nennt, „Casanova-Petschaft". In mehreren Kammern ringförmig angeordnet, enthält ein vornehmes, aus fein getriebenem Silber gestaltetes Petschaft, das vermutlich aus dem 19. Jahrhundert stammt; 35 beidseitig (!) benutzbare Siegel mit verschiedenen Wappen, Symbolen und Sprüchen. Etliche davon zeigen ein Herz mit einem oder zwei Buchstaben und einen Spruch wie „Mon coeur pour toi".

Auch regionale und nationale Besonderheiten lassen

sich ausmachen. Während ein chinesisches Petschaft aus Jade unschwer am Bildschriftzeichen erkennbar ist, beruht die Zuordnung eines in seiner Art einzigartigen Serienpetschaftes als US-amerikanisch auf Vermutung. Dafür spricht nicht zuletzt der Erwerbungsort New York. Dort, genauer in Manhattan, erstand der Sammler in einem jüdischen Antiquitätengeschäft das Petschaft, das nicht mit einem festen Siegel, sondern mit einem radförmigen Siegelträger ausgestattet ist. Er bietet Platz für sieben Siegel mit verschiedenen Symbolen. Gerne erinnert sich der Sammler noch an die hartnäckig geführten Verhandlungen mit dem Händler, auch wenn das Feilschen zu keinem Preisnachlass führte. 350 US Dollar waren für das besonders praktische Gerät, mit dem sich eine ganze Siegelleiste herstellen läßt, zu bezahlen.

Die Erinnerungen, die an den Erwerb der einzelnen Stücke geknüpft sind, geben jedem Petschaft seine besondere Bedeutung. So ist der Sammler letztlich froh, daß er Mitte der achtziger bei einem Urlaub in Brüssel aus Kostengründen nur *ein* besonders schönes Stück aus einer umfangreichen Sammlung - nicht aber diese vollständig - erworben hat. Dieses Petschaft zeigt zwei globustragende Engel und ist aus Silber.

So führt die Betrachtung seiner Stücke den Sammler nicht nur in die Kulturgeschichte, sondern zugleich stets in seine eigene zurück. Und er bedauert nur, daß er sich berufsbedingt nicht so intensiv seiner Sammlung widmen kann, wie er es sich wünscht. Aber einmal wird der Tag kommen - da ist er sich sicher - an dem er genügend Zeit für die heraldischen, ikonographischen und wirtschaftsgeschichtlichen Nachforschungen hat, die es dann erlauben werden, über die Herkunft seiner Petschaften Genaueres herauszufinden.

Miriam Heine

Parfümflacons

Auf der Frisierkommode im Elternschlafzimmer stand eine kleine runde blaue Flasche *Sanssouci* Parfüm. „Wenn du da dran gehst, dann ist was los", so erinnert Elke Lampert noch heute das deutliche Verbot der Mutter

und vermutet, daß dieses ihren Wunsch, Parfüm zu besitzen und zu gebrauchen, mitverursacht hat. „Jedenfalls", sagt die heute 60jährige, „war Duft immer schon wichtig für mich." Im Laufe der Jahre hat sie entschiedene Vorlieben und Antipathien bei Düften ausgebildet. Moschus wie Maiglöckchen mag sie gar nicht, und *Tosca* wurde, wenn sie es einmal geschenkt bekam, zum Brillenputzen verwendet; und „es ist schon einmal vorgekommen, daß ich aus dem Bus ausgestiegen bin, wenn jemand einen zu aufdringlichen Duft benutzt hat".

So wichtig Parfüm für sie ist, zum Sammeln von Miniatur-Parfümflacons, die etwa ein bis zehn Milliliter fassen, kam sie relativ spät. 1992 erhielt sie während einer Kur eine kleine Flasche *Tristano Onofri* geschenkt. Die hübsche Flasche gefiel, und sie freute sich jeden Tag an ihr. Als sie bald darauf einen Miniflacon *Creature* sah, war sie von dessen Form, einer stilisierten Frauenfigur, die Anklänge an den Chic des New Look der 50er Jahre zeigt, so fasziniert, daß sie ihn gleich kaufte. Inzwischen sind es 150 Miniatur-Parfümflaschen geworden. Die ganz großen Namen: *Chanel, Guerlain, Versace, Joop* sind genauso vorhanden wie seltene Designerstücke, Parfüms aus Tschechien und Rußland oder ältere individuelle Reiseflacons. Selbst vom früher wenig geschätzten *4711 Kölnisch Wasser* sind zwei Miniflaschen vorhanden. Tochter und Schwiegersohn haben kleine Holzrahmen getischlert, die dem Querschnitt berühmter Hildesheimer Häuser nachempfunden sind. In ihnen präsentiert sie ihre Sammlung.

Die Familie, die, wie sie sagt, „schon immer einen kleinen Sammlertick gehabt hat", und Freunde helfen beim Sammeln mit. „Warum kaufst du das, was man dir auch schenken kann?" bekam sie mit liebevollem Vorwurf zu hören. Und inzwischen gibt es in ihrem Bekanntenkreis mehrere Sammlerkolleginnen, mit denen sie Dubletten tauscht.

Auch wenn der Wert der Flaschen ohne original verschlossene Box oder gar ohne Inhalt erheblich geringer ist, hält sie leere Flaschen für ebenso sammelwürdig. Überhaupt ist für sie der Wert der zum Teil in kleinen, limitierten Auflagen verkauften Miniflacons sekundär. Daß auf Auktionen bis zu 10.000 Dollar für eine von Salvador Dali entworfene Flasche gezahlt werden, nimmt sie eher beiläufig zur Kenntnis. Auch die für manchen Sammler wichtige Unterscheidung von „echten Proben", Repliken, also Miniaturausgaben von großen Originalflaschen, und speziell im Miniformat entworfenen Stücken, die in den letzten zehn Jahren von den großen Parfümmarken zunehmend auf den Markt gebracht wurden, ist ihr gleichgültig. Sie gibt höchstens 30 DM für ein Stück aus und findet hierfür aus dem großen Angebot - es gibt ca. 15.000 Miniaturflacons auf dem gesamten Weltmarkt - immer wieder ein schönes Stück.

Über dem Sammeln der Verpackung vergißt Elke Lampert aber nicht den Inhalt. Sie probiert jeden Duft aus und hat dabei auch ihr Lieblingsparfüm gefunden. Es ist - verrät die Sammlerin - seit einem dreiviertel Jahr *Van Cleef.*

Johanna Schumann

Kinderschätze

Zu schön zum Sparen

Für den Bankkaufmann Günther Trumpf, inzwischen im Ruhestand, war sein Beruf immer schon mehr als Broterwerb.

Daher beschäftigt er sich noch jetzt in der Freizeit mit der Welt des Geldes und sammelt Spardosen.

Als er in den frühen 70er Jahren aus beruflichen Gründen zahlreiche Banken in Norddeutschland besuchen mußte, erwarb er - zunächst für seine Kinder - die eine oder andere Spardose. Schnell kamen mehr Objekte zusammen, als man zum Sparen verwenden kann, der

Grundstein einer Sammlung von inzwischen 250 Stücken war gelegt.

Neben dem klassischen Sparschwein in allen Größen finden sich in Trumpfs Sammlung moderne wie nostalgische Motive, Pumuckel und Punker, Spielautomat und Telefon. Einige der Formen werden über Jahre beibehalten, andere werden nur kurze Zeit produziert, weiß Trumpf. Sogar ein antikes Stück aus Zinn ist in seiner Kollektion enthalten; es wurde beim Abriß eines alten Hauses gefunden und dem Sammler, dessen eigenes Haus übrigens einst eine Sparkassenfiliale beherbergte, überlassen.

Für den 58jährigen spielt der materielle Wert der Objekte keine Rolle. Dennoch wird nicht jede Spardose aufgenommen: Sie muß besonders gestaltet oder neuartig sein oder - einfach gefallen. Eine Spardose in Form eines nostalgischen Telefons aus Porzellan, dem von ihm bevorzugten Material, ist sein Favorit.

Gezielt auf die Suche macht er sich nur auf Reisen und fragt bei Banken und Sparkassen nach, kauft in Souvenirläden. Trumpf durchstöbert keine Flohmärkte, sucht keinen Kontakt zu anderen Sammlern; aber er weiß die enge Verbindung zwischen Beruf und Sammlung durch

Ausstellungen ausgesuchter Stücke in verschiedenen Filialen seiner Sparkasse zu nutzen. Den Besuchern gefallen diese Präsentationen, häufig kommt es vor, daß sie ein Stück kaufen wollen, aber für den Sammler ist es unvorstellbar sich auch nur von einem zu trennen. Beim Sammeln wird er von Familie und Freunden sowie von Kollegen und Kunden durch viele Geschenke aus aller Welt unterstützt.

Besonders gerne erinnert er sich an ein Ereignis: Vor einigen Jahren ließ der Zufall einen Sammler aus Australien, der in der Gegend seinen Urlaub verbrachte, ausgerechnet an seinen Schalter in der Sparkasse treten und ihn nach einer Spardose fragen. Trumpf suchte mit ihm ein besonders schönes Stück aus und erwähnte, daß er selbst sammle. Einige Wochen später erhielt er ein Päckchen aus Australien mit einer Spardose in Form eines Spielautomaten.

Inzwischen ist die Sammlung aus der Vitrine im Wohnzimmer herausgewachsen. Weil nicht nur eine Auswahl präsentiert werden soll, hält er nun alle Dosen unter Verschluß, betrachtet sie nur gelegentlich. Lediglich für Besuch werden einige ausgepackt und ausgestellt. Trumpf hofft jedoch, bald alle Stücke in einem neuen,

größeren Schrank präsentieren zu können und wird dabei wohlwollend von seiner Frau unterstützt.

Katja Hartloff

Nichts geht über Bären

„Bär, behalte Deine Brille auf!"

Hängt Ihr Teddy nur gelangweilt auf der Sofalehne rum? Ein Teddybär braucht Gesellschaft, Ansprache und Fürsorge. Bekommt er zuwenig Zuwendung, schlägt das auf seine Laune. Die Bären, die mit Roswitha Czimmek die Wohnung teilen, können sich glücklich schätzen. Sie sind in jeder Hinsicht bestens versorgt. „Eisbär? - Der paßt gerade auf das Strickzeug auf." - „Dilbärt?- Der sitzt am Schreibtisch. Der muß noch arbeiten."

Bartholomew war beinahe der erste. Der Allererste war der Kindheitsbär, der immer noch am Bett sitzt. Trotzdem fing mit Bartholomew alles an: Seine Einzelteile brachte Roswitha Czimmek 1993 aus einem Teddyladen in England mit nach Haus. Seitdem hat sie über 30 Bären zum Leben erweckt. Hinzu kamen die, die sie gekauft hat, oft auf Reisen, und die, die ihr von Freunden und der Familie geschenkt wurden. Inzwischen nehmen über 70 der pelzigen Genossen am Leben der Studienrätin teil.

„Bei einem Bären muß man das Fell sehen."

15 - 20 Stunden braucht Roswitha Czimmek für einen Bären. Alles wird von Hand gemacht: genäht, ausgestopft, gestickt. Auch die Kleidung stellt sie selbst her. Die fällt meist eher spärlich aus. Das Wesen eines Ted-

dybären soll nicht verborgen werden - und dies zeigt sich vor allem in seinem Pelz. Wichtig findet die Sammlerin weiterhin, daß ein Teddy lange Arme hat - und wenn möglich - einen Höcker im Nacken. Bei einem echten Tier gehören diese Attribute schließlich zur Grundausstattung. Von herausragender Bedeutung für die 43-jährige ist vor allem die Bärenpersönlichkeit. Normbären findet Frau Czimmek uninteressant. Jeder ihrer Teddys hat eine Besonderheit - einen eigenen Gesichtsausdruck, ein besonders dickes Fell - oder auch karierte Füße aus echtem irischen Tweed. Geliebt werden sie alle.

„Es gibt Sammler, die bewahren ihre Bären in Plastiktüten im Kleiderschrank auf, damit bloß nichts drankommt."

Für Roswitha Czimmek unvorstellbar. Ihre Bären muß sie sehen, mit ihnen sprechen, sie in den Arm nehmen können. Das darf man ihnen auch ruhig ansehen. Seelenlose Sammelei ist ihr ein Greuel. Der Wert ihrer zum Teil alten Teddys interessiert sie schon, aber nicht, weil sie jemals vorhätte, sie zu verkaufen. Die Auswüchse einer immer noch boomenden Teddysammler- und Vermarktungsszene nimmt sie deshalb bewußt nur am Ran-

de wahr. Gelegentlich fährt sie zu Messen wie der *Bärlinale* oder der *Buxtebär*, um sich mit neuen Stoffen und Ideen einzudecken. An Teddyauktionen nimmt sie nicht teil. Für die Bärensammelszene charakteristische Vorzeigestücke - wie der Coca Cola-Eisbär, oder wie Muffy - sind in ihrer Sammlung die Ausnahme.

„Der Teddyboom begann in Amerika"

Muffy vander Baer ist ein echter Schlager in der kommerzialisierten Sammelszene. Ihre Herstellerfirma, die *North American Bears Company*, bringt zweimal im Jahr eine neue Garderobe für die Bärin und ihre Familie auf den Markt. Von der Regenkombi (Hut, Mantel, Gummistiefel) bis zum Badeanzug (zusammen mit Gummiboot und Schwimmflossen) kann man alles kaufen. Eine neue Ausstattung kostet ab 40 Mark - nach drei bis vier Jahren muß man bereits das Fünffache dafür hinlegen. Preise bis zu 1000 Mark, z.B. für ein Ballkleid, sind dann durchaus üblich.
Es ist kein Zufall, daß gerade in Amerika Plüschbären in dieser Weise vermarktet werden. Einer berühmten Anekdote zufolge verschonte Theodore (Teddy) Roosevelt (1858 - 1919) auf einer Jagd einen Bären. Seit da-

mals sind die Teddys, denen er so zu ihrem Namen verhalf, begehrte Sammel- und Liebhaberstücke. Viele Amerikaner übernahmen die Vorliebe ihres Präsidenten und verschafften bald darauf der deutschen Firma Steiff große Verkaufserfolge.

Wie Muffy, die bei den Czimmeks übrigens ohne kostspielige Ausstattung auskommen muß, wird auch Humphrey erfolgreich vermarktet, wenn auch auf etwas feinere englische Art. Auf einer Briefmarkenserie entdeckt, der Bestellschein war gleich dabei, wurde der Teddy - hübsch verpackt, mit einigem Drumherum und eigener Herkunftsgeschichte - per Post von der Kanalinsel Guernsey geliefert.

„In der Toilette sammle ich die Absurditäten."

Mit der Sammelei kommen auch Sachen ins Haus, die bei der Sammlerin auf Ablehnung stoßen: „Kerzchen, Schüsselchen, Seifen und so Zeug." Krimskrams und Kitsch mit Bärchendekor will Frau Czimmek eigentlich gar nicht haben - und stellt alles ins WC. Diesen Brauch hat sie von Freunden übernommen, die auf dem Örtchen allerlei scheußlich-schöne Dinge bewahren.

„Der Bär gibt keine Widerworte."

Der Studienrätin, die Latein und Deutsch unterrichtet, ist bewußt, daß sie sich mit ihren Bären ein Stück ihrer Kindheit erhält. Und die Beschäftigung mit den Teddys bietet auch einen Ausgleich zum Beruf: der Bär hört immer zu. Und: „Die Schüler verliert man aus den Augen." Ein Bär bleibt immer da. Ihren Koffer packt Muffy höchstens mal, wenn sie mit der Familie in den Urlaub fährt.

Christine Raudies

Sandmann, lieber Sandmann

Sie bezeichnet sich selbst nicht als geborene Sammlerin. Kirsten Schönfelder begann, nein, entschied sich, eine Sammlerin zu werden, als sie ihren jetzigen Lebensgefährten kennenlernte. Bis dahin lebte sie lediglich mit einer „großen Schwäche für den sinnlichen Reiz der Dinge, mit dem Bedürfnis, ausgefallene Dinge zu besitzen, die für nichts gut sind". Mit Jürgen Petz eröffnete sich für sie plötzlich eine Welt der Fehllisten, der Jagd auf seltene Objekte, des Erschließens von Sammelgebieten, von Literatur und Sekundärliteratur, eine Welt der Kataloge und Flohmärkte.

Kirsten Schönfelder begann ihr Leben als Sammlerin zunächst mit Erinnerungsstücken; Kinderbücher und Spielzeug aus ihrer Kindheit: „Das hatte ich auch mal." Der emotionale Bezug war und ist für sie besonders reizvoll. Doch es wurde ihr auch wichtig, klassischen Sammlertätigkeiten nachzugehen, Fehllisten aufzustellen und abzuarbeiten. So kam sie auf Pixie-Bücher.

Da für sie Sammeln auch immer die Ausstellung des Besitzes bedeutet, wurden die Pixie-Bücher auf einem eingezogenen Regalboden und schließlich in einem selbstgebauten Regal aus Pappmaché präsentiert.

„Ich hätte also eigentlich damit fast glücklich und zufrieden alt werden können, wenn nicht zwei Sandmännchen in mein Leben getreten wären." Kirsten Schönfelder entdeckte ihre ersten zwei Sandmännchen bei einer Freundin auf dem Flohmarkt. Die Freundin wurde von diversen Händlern belagert, die alle sehr an den Spielfiguren interessiert waren. Für Kirsten Schönfelder war es fast ein „Akt der Rettung", sich die beiden zu sichern. „Das Sandmännchen" kannte Kirsten Schönfelder aus ihrer Kindheit aus dem DDR-Fernsehen, nicht jedoch als Spielzeug. Sobald sie dafür, wie sie selbst sagt, „sensibilisiert" war, entdeckte sie neue Varianten und erschloß sich damit selbst nach und nach ein neues Sammelgebiet. „Ich weiß nicht, ob ich - wenn es jetzt den dicken Katalog gäbe mit Preisen und einer vollständigen Liste drin - nicht sofort die Lust verlieren würde." Der Wunsch nach einem Katalog ist gleichzeitig ein Alptraum. Denn der bedeutet die Etablierung einer festen Sammlerszene und damit zwar einen Austausch von Informationen, aber auch das Ende der Entdeckungen, der Jagd und den Beginn von Preisdiktaten. Aber gerade die Pionierarbeit beim Sandmännchensammeln setzt für sie den Kontrast zu den Pixie-Büchern, deren Umfang und Aufmachung festgelegt sind, und wo es keine Variationen, Überaschungen und Neuentdeckungen gibt. In Sandmännchenfragen ist Kirsten Schönfelder inzwischen Expertin, allein durch ihre Sammeltätigkeit. Mittlerweile hat sie ihr Sammelgebiet auf die Nebenfiguren der Sendung, sowie Nebenprodukte wie Bücher, Hörspiele, Brettspiele erweitert. Kirsten Schönfelder zeigt ihre Sammlung gern und freut sich an ihr. Aber es geht ihr nicht nur um Präsentation, sondern auch darum, die Sandmännchen zu bewahren; denn sie repariert und restauriert die Figuren in ihrer „Sandmännchenklinik". Die Frage der Aufbewahrung ist immer ein zentraler und zugleich alltäglicher Punkt.

Der erste, eigens für die Sandmännchen angeschaffte Schrank war bald zu klein. Inzwischen haben die Sandmännchen Silber, Glas und Porzellan aus der Vitrine verdrängt. Und auch dort wird es allmählich wieder eng. „Aufbewahren, Plätze finden und präsentieren, damit zu kämpfen ist allen Sammlern eigen. Kaum glaubst du, du hast einen Platz gefunden, mußt du schon wieder einen neuen suchen. Aber es ist auch faszinierend, damit zu wohnen, weil man in der eigenen Wohnung immer was zu gucken hat."

Miriam Heine

Von Ardistan nach Dschinnistan

Den Anstoß, daß sich aus einer begeisterten Jugend-lektüre der Reiseabenteuer Karl Mays eine lebenslange Forschungs- und Sammeltätigkeit entwickelte, gab ein Schulaufsatz. 1944, im zweiten Halbjahr an der Handelsschule in Hildesheim, hatte der 15jährige Erich Heinemann einen Hausaufsatz nach einem selbstgestellten Thema zu schreiben. Mitten im Krieg verband der Junge seine Abenteuersehnsucht mit dem Wunsch nach Frieden und wählte als Gegenstand für seine Arbeit den Doppelroman *Ardistan und Dschinnistan* aus Karl Mays

Spätwerk. Jahrzehnte bevor die Literaturwissenschaft die symbolische Bedeutung dieses nur als Abenteuer-erzählung verkleideten philosophischen Romans erfasste, beschrieb Heinemann schon Mays Vision vom Edelmenschen, der der vom Krieg bedrohten (niederen) Welt, Ardistan genannt, den Frieden einer geistigen (höheren) Welt, Dschinnistan, bringt. Auch ermuntert von seinen Lehrern, schickte er sein kleines Essay *Von Ardistan nach Dschinnistan* Klara May, der Witwe des Autors. Und erhielt prompt am 29.7.1944 Antwort: „Mein lieber junger Freund, erst 15 Jahre sind Sie? Sie sind nicht nur ein guter Denker, sondern was viel mehr hoffen läßt, ein lieber gütiger Mensch, der Karl May besser verstanden hat als so manch anderer. Klara May." Diese Bestätigung gab den Ausschlag. Auch wenn in den nächsten Jahren Beruf und später die Familie wichtiger wurden, ganz vergessen wurde May nie. Heinemann verschenkte nicht wie so viele die grünen Bände, die ihn durch seine Jugend begleitet hatten. Vielmehr bewahrte er sie sorgfältig auf und „nahm die alten Bände gerne und immer wieder in die Hand". Nicht nur, weil sie ihn an sein Elternhaus und an die Brüder erinnerten, Mays Bücher blieben für ihn wichtig, auch wenn der Reiz der Schilderungen exotischer Ferne und die

Bedeutung der Informationen über unbekannte Länder und Kulturen allmählich schwand. An ihre Stelle trat immer mehr das Interesse am literarischen Wert, an Biographie und Lebenswerk des in Deutschland zu Unrecht <u>nur</u> als Jugendbuchautor geltenden Karl May. So begann Erich Heinemann nicht nur die Ausgabe, die ihn in seiner Jugendzeit zu May geführt hatte, zu vervollständigen; er fing an, auch die früheren Ausgaben möglichst in ersten Auflagen zu sammeln. Und so gesellte sich bald zu seinen 65 Radebeuler Bänden (d.h. in Radebeul erschienenen) die Freiburger Fehsenfeld-Ausgabe (genannt nach dem früheren Verlag Mays), die illustrierte Blaue, und die Ausgabe mit den berühmten symbolischen Umschlagbildern von Sascha Schneider. Besonders freute es den Sammler, als er 1970 die seltene Halbleder-Ausgabe (ebenfalls Fehsenfeld) in Berlin vollständig in einem Antiquariat erwerben konnte. Ein solcher Fund bildete aber die Ausnahme. Gewöhnlich ließ sich nur hier und da ein Band erwerben, und es dauerte Jahre, ja Jahrzehnte, bis eine Serie vollständig war - was letztlich das Sammlerglück aber nur vergrößerte. Heinemann beschränkte sich aber nicht nur auf die verschiedenen Ausgaben der gesammelten Werke. Um Mays Text möglichst unverfälscht von den späteren Ein-

griffen des Verlags lesen zu können, suchte er die Vorabdrucke in den Familienzeitschriften, vor allem die in dem (katholischen) *Deutschen Hausschatz*, zusammenzubringen und bemühte sich um die sehr selten auf Auktionen und in Antiquariaten angebotenen May-Handschriften. Dokumente der Verbreitung Mays auf dem Buchmarkt und im kulturellen Leben: Verlagsprospekte, Fotos von Gedenkstätten und von für Mays Biographie wichtigen Orten sowie Äußerungen von berühmten May-Lesern erweiterten das Sammelgebiet mit der Folge, daß Heinemann die schönsten Fundstücke von *Aussprüchen namhafter Persönlichkeiten über Karl*

May gedruckt in zwei Bänden der Forschung zur Verfügung stellen konnte.

Nicht nur in Bibliotheken und Archiven recherchierte Heinemann nach Mays Lebensspuren. Er suchte auch Zeitzeugen auf, die den Autor oder sein Umfeld gekannt hatten. So gelang es ihm, die Enkelin von Balduin Möllhausen (1825 bis 1905) ausfindig zu machen. Möllhausen hatte - was May immer nur von sich behauptete - wirklich Nordamerika bereist und spannende Reiseabenteuer geschrieben. Seine Enkelin wußte noch, daß der sehr erfolgreichere May „im Hause meines Großvaters eine unerwünschte Person war. Von ihm durfte nicht gesprochen werden". Und sie vertraute Heinemann ein noch nicht ediertes Reisetagebuch Möllhausens für seine Sammlung an.

Seine Bemühungen, mehr über May zu erfahren, brachten Heinemann schon früh in Kontakt mit Gleichgesinnten und so wurde er Mitglied einer ersten Arbeitsgemeinschaft, die zusammen mit dem Karl May-Verlag es sich vornahm, Mays Werke nach wissenschaftlichen Prinzipien neu herauszubringen und deren Erforschung zu fördern. Nachdem die AG aber wegen Spannungen mit dem andere Interessen im Blick habenden Verlag

einige Jahre lang nur wenig erfolgreich war, gründete Heinemann zusammen mit anderen Freunden 1969 in Hannover die Karl May-Gesellschaft. Er wurde ihr jahrzehntelanger Schriftführer und, wichtiger noch, ihr Chronist. 1994 publizierte Heinemann die Geschichte der Gesellschaft unter dem Titel *Eine Gesellschaft für Karl May*, in der er deren Entwicklung beschreibt. Heute, nachdem er aus Altersgründen aus dem Vorstand der Gesellschaft zurückgetreten ist, bleibt er ihr und May weiterhin verbunden, auch wenn er seine May-Sammlung inzwischen für abgeschlossen hält. Allerdings: ein, zwei schöne, möglichst bisher nicht bekannte Altersfotos, die wünscht er sich noch.

Julia Linder

Meditationen

Vom Glück des Findens

„Privatmuseum", ein Schild im Keller macht den Besucher neugierig. Dahinter Steine, genauer: Feuersteine. Angeordnet nach Farben und in Formen gelegt, auf Schnüre gefädelt, in Wandkästen sortiert und in Glä-

sern und Körben verstaut. Daneben Literatur zum Thema und zwischendurch auch mal eine kleine Spielkarte mit einer Abbildung von Fred Feuerstein. Die Schätze einer Sammlerin aus Passion.

Am Anfang der Sammelbiographie Gudrun Willes stehen die in der Nachkriegszeit heißbegehrten Margarinebilder, später holt sie sich dann Eulen in allen erdenklichen Formen ins Haus. Doch seit einem Aufenthalt an der Ostsee vor zehn Jahren ist sie neben Buchobjekten und Büchern über das Sammeln vor allem den Feuersteinen auf der Spur.

Wo sie geht und steht findet sie seither die ca. 70 Millionen Jahre alten Steine, die eine lange, für die Entwicklungsgeschichte des Menschen existenzielle Bedeutung haben. Als Werkzeug- und Waffenmaterial und vor allem als Funkenspender für das lebenserhaltende Feuer kennen wir alle den Feuerstein seit der Kindheit aus Prähistorischen Museen. Zugleich ist der Feuerstein auch etwas ganz Alltägliches. Man findet ihn sogar im Kies vor der eigenen Hauseinfahrt. Daß ihm der Volksglaube als Lochstein Wirksamkeit gegen den bösen Blick zuschreibt oder er für Geologen mit seinen Ritzungen und Schrämmspuren wichtige Hinweise bei der Erforschung seines Herkunftsortes gibt, der mit dem Fundort meist nicht übereinstimmt, ist jedoch vielen nicht geläufig.

„Wenn, dann will ich alles wissen." Die Sammlerin hat in ihrem Kellerreich mit wissenschaftlicher Akribie Objekte und Material zum Thema zusammengetragen. Ihre Feuerstein-Sammlung gliedert sie in verschiedene Rubriken: Geschiebe-Fossilien, Fossilien und Mineralien auf Kieswegen, Feuersteine mit mineralischen Einschlüssen, Muster, Farben, Spuren, Formen, steinzeitliche Werkzeuge und der Feuerstein im Volksglauben. Manchmal erweist sich erst im Gespräch mit Sachverständigen aus Museen die Besonderheit eines Stückes und ein gewöhnlicher Feuerstein entpuppt sich als Artefakt aus dem Neolithikum. Solche Funde 'befeuern' die Sammelleidenschaft immer wieder aufs Neue. Den Reiz des Sammelns macht für Gudrun Wille aber das Moment des Findens aus. Auf jedem Spaziergang entdeckt sie mit suchendem Sammlerblick Kostbarkeiten und lernt dabei immer wieder neu und genau ihre Umwelt sehen. „Wir taten auf die Zeolithe Verzicht und dünkten uns nicht wenig wegen dieser Enthaltsamkeit", notierte der Mineraloge Goethe am 5.5.1787 als außer-

ordentliches und erwähnenswertes Ereignis in sein Tagebuch, was soviel heißt wie: Wanderung gemacht, ohne Steine mitzubringen. Die steinesammelnde Buchhändlerin freut sich auch über diesen Fund.

Julia Linder

Von A wie Ahorn bis Z wie Zeder

Otto Almstadt, Professor für plastisches Gestalten im Fachbereich Gestaltung an der Fachhochschule Hildesheim/Holzminden, unterrichtet seine Studenten unter anderem in Modelliertechniken. Zur Bearbeitung

von Ton werden sogenannte Modellierhölzer, auch Formhölzer genannt, benutzt. „Sie haben", so liest man im *Großen Buch des Modellierens und Bildhauerns* von Philippe Clérin, „die Form eines zylindrischen Federkiels, der an den Enden abgeflacht oder ausgebaucht ist. Die Spuren, die sie auf dem Ton zurücklassen, sind glatt oder geriffelt, je nachdem der Rand gerade oder zackig ist. Sie dienen zum Zerdrücken oder Ausbreiten der Tonbatzen oder zum Einschneiden."

„Es sind Hölzer, die man benutzen könnte."

Bereits als Student stellte Almstadt sein Arbeitswerkzeug selbst her. Auf der Suche nach der optimalen Form entstanden nach und nach immer mehr Modellierhilfen aus den verschiedenen Harthölzern. Almstadt sortierte einige besonders gelungene Stücke aus und bewahrte sie gesondert auf. Der Grundstock für eine langsam und unmerklich anwachsende Modellierholzsammlung war gelegt. Wieviele Formhölzer sich heute in seiner Sammlung befinden - Almstadt weiß es nicht: er hat sie nie gezählt.

Jedes Formholz seiner Sammlung hat Almstadt so hergestellt, daß ein Bildhauer es verwenden könnte. Trotzdem sind sie nicht wirklich zum Gebrauch bestimmt.

Ihn erfreuen die unterschiedlichen Holzqualitäten, ihre Farbigkeit, Maserung, ihre Härte. Viele Hölzer sammelt er bei Spaziergängen, auf Wanderungen oder
bringt sie von Reisen mit. Zumeist versieht er sie mit
einem Zettel, auf dem er Art und Herkunft des Holzes
festhält: „ECINA - STEINEICHE, Mallorca"

Almstadts Modellierhölzer erinnern in ihrer Form an
Fischkörper, in der Mitte bauchig, mit einer Art
Schwanzflosse auslaufend und einer glänzenden glat-
ten Oberfläche. Sie liegen gut in der Hand, vergleich-
bar einem Handschmeichler, den man nicht mehr fort-
legen mag. Ihre Farbenvielfalt beeindruckt, nebeneinander gelegt ergeben sich Farbreihen mit feinsten
Nuancen und Abstufungen.

*„Das Sammeln, das ist einfach so gekommen, ohne daß ich es ge-
merkt habe."*

Almstadt sammelt seit seiner Kindheit. Seine Sammelleidenschaft ist nicht auf Modellierhölzer beschränkt,
er nennt eine enorme Feder- und Tierschädelsammlung
und nicht zuletzt fossile Funde aus Hildesheim sein Eigen. Fast alle Stücke seiner Sammlung hat er gefunden,
nicht gekauft. An seinen Sammelobjekten reizen ihn die
Vielfalt, die Variation von Form und Farbigkeit, die Sub-

stanz, die die Natur hervorbringt. Diese Eindrücke steigern seinen Wunsch, näheres zu erfahren. So hat er sich
mit der Zeit ein breites Wissen über Flora und Fauna
angeeignet.

Die Funde dienen ihm als Vorbild oder Ausgangsma-
terial für sein künstlerisches Schaffen, wie zum Beispiel
die fragilen Flugbilder, die er aus gefundenen Federn
zusammensetzt und die anmutig an der Decke seines
Ateliers schweben. Er schätzt die Reihung, die Variation nicht nur bei den Naturfunden: auch in seinem
künstlerischen Werk gibt es so gut wie keine Einzelstücke.

Almstadt sammelt aus einem Gefühl der Verbunden-
heit mit seiner Umwelt. Die Schönheit der Natur fasziniert und überwältigt ihn: „Ich will wissen, auf welchem Grund ich stehe." Er ist sich bewußt, daß seine
Sammlungen nur einen kleinen Ausschnitt der un-
glaublichen Vielfalt der Natur darstellen, denn „auf Vollständigkeit sammeln, heißt die Endlichkeit des Menschen bestreiten - und macht den Sammler im Ex-
tremfall zum Mörder".

Fanatische Sammler sind ihm daher unheimlich, er
glaubt diesen sei nichts heilig. „Jemand mit Geld ist kein
Sammler. Ich sammel gerade Dinge, die man nicht kaufen kann. Mein Sammeln hat nichts mit materiellen Werten zu tun."

Vera Silke Saatweber

Briefmarken als Zen-Garten

Der *Bund deutscher Philatelisten*, die Vereinigung der Brief-
markenfreunde, zählt rund 80.000 Mitglieder. Die Zahl
der nicht organisierten Sammler ist aber bei weitem
höher. Aufgrund der verkauften Alben und Briefmar-
ken-Abonnements sprechen Schätzungen von einer
Zahl, die in die Millionen geht. Bedenkt man, daß vor
allem Kinder aus Freude an den bunten Bildern, die ko-
stenlos ins Haus kommen, sich kurzzeitig mit Briefmarken beschäftigen, so kann man wohl ohne Über-
treibung davon ausgehen, daß in jeder Familie irgendwann einmal Briefmarken gesammelt werden. Die
Gründe für die große Beliebtheit von Briefmarken als
Sammelobjekt sind so vielfältig wie die Möglichkeiten,
eine Sammlung anzulegen. Nach Motiven - Blumen-
oder Sportdarstellungen - läßt sich sammeln, ebenso
nach Kontinenten oder einzelnen Ländern, nach Epochen, nach Sorten - etwa Zuschlag-, Wohlfahrts- oder
Paketmarken, oder nach dem Wert (siehe das Wort von
der Briefmarke als der Aktie des kleinen Mannes). Wer
tiefer einsteigt, kann gestempelt und postfrisch unterscheiden, auf Abweichungen von Zähnen, Papier oder
Wasserzeichen achten, Stempelvarianten hochschätzen

oder gar Ganzsachen, also den kompletten Briefum-
schlag sammeln. Diese große Vielfalt ist nicht zuletzt
Ergebnis der langen Geschichte des Markensammelns.
Denn Briefmarken sind nicht nur das beliebteste, sondern auch das älteste mit Katalog, Preislisten und Auktionen institutionell organisierte Sammelgebiet eines

Alltagsgegenstandes. Alben werden seit 1862, Kataloge in Deutschland seit 1892 verkauft.

Angesichts dieser Fakten und Zahlen ist nicht zu erwarten, daß bei Briefmarken es noch möglich ist, eine grundlegend neue Strategie für die Anlage einer Sammlung zu entwickeln. Genau dies aber ist Karl Lampert gelungen. Der Hildesheimer Karl Lampert hat die wohl größte Sammlung von Dauerserien aufgebaut. Das heißt von Marken, die über einen längeren Zeitraum ausgegeben wurden und nicht wie Sonderbriefmarken aus einem besonderen Anlaß erschienen. Das Bemerkenswerte an seiner Sammlung ist aber nicht ihre Quantität, sondern ihr Sammel- und Aufbewahrungsprinzip. Lampert ist nicht an Vollständigkeit interessiert wie die anderen Markensammler. Daß ihm viele Dauerserien, etwa die mit dem Konterfei des Bundespräsidenten Theodor Heuss (erschienen 1954-57) oder die Serie „Unfallverhütung" (erschienen 1971-74) fehlen, ist ihm gleichgültig. Ihm kommt es auf das an, was der gewöhnliche Sammler zu meiden sucht oder nur zum Tauschen oder aus kommerziellen Gründen aufbewahrt: Lampert sammelt - wenn man so sagen darf - Doubletten, also immer wieder die gleichen Marken: eine 50 Pfennig Heinemann (Erstausgabetag 8.4.71) oder eine

110 Pfennig-Marke Marlene Dietrich (Erstausgabetag 14.8.1997) nach der anderen. Von der 50 Pfennig Heinemann wurden es an die 14.000, bei der Marlene Dietrich sind es heute schon 3.000 mehr, und die Marke wird immer noch am Schalter ausgegeben. Diese tausend und abertausend Marken werden von Lampert mit der gleichen Sorgfalt behandelt wie sie alle Sammler bei ihren kostbarsten Einzelstücken aufbringen. Alle werden sorgfältig im Wasserbad abgelöst, geprüft, getrocknet und anschließend eingeordnet. Peinlich achtet der Sammler darauf, daß alle Marken einwandfrei sind, in keiner Weise durch einen Knick, einen Riß oder ei-

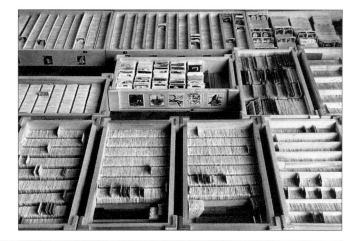

nen Zahnfehler beschädigt sind. Zu den unumstößlichen Regeln seines Sammelns gehört es auch, die abgelösten Marken so zu belassen, wie sie auf den Umschlag geklebt waren: Doppelstücke werden weder getrennt noch geknickt, um sie in den Stapel einordnen zu können. Sie werden vielmehr gesondert aufgehoben.

Während aber für gewöhnlich ein Sammler seine Marken in einem Klebe- oder Steckalbum so ordnet, daß er sie Stück für Stück betrachten kann und nur Doubletten in Reihe, zum Teil überlappend, einsteckt, stapelt Lampert die einzelnen Werte. Kleine Holzkistchen, in denen unter anderem ursprünglich Piccolo-Sektflaschen verschickt wurden, hat er mit Papp- oder Holzstreifen passend unterteilt, so daß der Stapel mit den 14.000 Heinemann-Marken etwa 35 laufende Zentimeter in Anspruch nimmt. Auf diese Weise beherbergt ein Kästchen drei bis fünf verschiedene Markenwerte mit rund 50.000 Marken. Von oben betrachtet haben die fortlaufenden Zahnreihen eine eigenartige, von den Stempeln, die man bei den gestapelten Briefmarken nicht direkt sehen kann, herrührende Farbschattierung. Jeder Kasten gleicht so einem feinen, aber gradlinig geharkten Zen-Garten. Und in der Tat haben Lamperts Dau-

erserien-Kästchen nicht nur ästhetisch viel mit einem solchen gemein. Sie sind perfekt; jede Marke ist ohne Fehl, aber diese Perfektion bleibt für die Sinne unsichtbar, erschließt sich nur dem geistigen Auge, macht das Markenkästchen zu einem „geistigen Garten", wie die Zen-Gärten auch genannt werden. Wie ein Zen-Garten aus Sand und Stein „den Betrachter frei macht von allem was wir im Alltag für wichtig nehmen, nach dem wir mit Leidenschaft jagen und uns für einen Moment entrückt fähig macht, daß Nichts zu schauen" (Abd al-Hayy Moore, Zen Rock Gardening 1997), so hilft das Sammeln der Dauerserie, genauer: die Pflege seiner Sammlung, das stets gleichförmige Stapeln der gleichen Marken, Lampert „die Nerven zu beherrschen, zu mir zu finden".

Durch sein Sammelprinzip: voranzuschreiten, die Sammlung zu mehren, ohne ein Weiterkommen oder gar ans Ziel kommen, also komplett werden auch nur im Auge zu haben, stellt der Sammler sich gegen die Gewohnheiten, ja Wertvorstellungen unserer Zeit. Seine Sammlung, die sich nicht verändert, mag sie auch noch so wachsen, ist ein stummes Plädoyer gegen jeden Mobilitäts- und Fortschrittswahn. Zugleich kritisiert er mit ihr die Wegwerfgesellschaft. Denn er achtet ja gerade, was sonst mißachtet wird; er wendet seine Aufmerksamkeit auf die unscheinbarsten Marken, die sonst für niemanden (Sammel-)Wert besitzen. Lampert: „Die Dauerserien taten mir leid, sowas kann man doch nicht einfach wegwerfen, sagte ich mir." Daß sein Sammeln gegen das heute Übliche verstößt, ist Lampert durchaus bewußt. Selbstironisch kommentiert er den Anfang und die Zukunft seiner Sammlungen: „Und dann habe ich das gemacht, das ist dann so ein Wahnsinn geworden - was meine armen Erben damit machen sollen, weiß ich auch nicht, die tun mir heute schon leid."

Seine Außenseiterrolle, in die er sich durch seine - wie er selbst sagt - „verrückte Sammelei" gebracht hat, wird von der Familie und den Freunden milde lächelnd toleriert. Nur gelegentlich necken sie ihn noch, können aber letztlich nicht umhin, ihn auch zu bewundern ob seiner Hartnäckigkeit, mit der er - wie jeder wahre Abenteurer - seinen selbst vorgegebenen Prinzipien und Einfällen, durch die er sich sein eigenes Reich errichtet hat, treu bleibt.

Sonja Zimmer

Plastik und Skulptur

Kasper trifft den Affenfürsten Anila

Große Augen blicken aus grotesken Gesichtern. Der Besucher hat geradezu den Eindruck, daß die Puppenaugen jede seiner Bewegungen verfolgen. Und obwohl man sich beobachtet, ja kontrolliert fühlt, kann man

selbst den Blick nicht von ihnen abwenden; zumal die Figuren in schönen Ensembles zusammengestellt das Wohnzimmer schmücken.

Chinesische Lackfiguren und hölzerne Erzgebirgshandpuppen bilden mit indonesischen Stab- und Schattenfiguren ein lebendiges Farben- und Formengewirr: Hier trifft der deutsche Kasper den Affenfürsten Anila aus Java.

Hajo Kurzenberger hat vor etwa 20 Jahren die ersten Theaterpuppen zusammengetragen. Fasziniert durch das Kaspertheater, beginnt sein Interesse an den Spielpuppen schon in der Kindheit. Damals begeisterten ihn Kaspers Abenteuer. Heute schaut er auch hinter die Theaterpuppen und beschäftigt sich mit der Puppentypologie. Die Theaterpuppen erzählen nicht nur von einem kulturellen Wandel, jede hat ihre ganz persönliche Geschichte. Ein Kratzer oder ein Riß in der Kleidung stören deshalb nicht. Sie zeugen von dem Lebensweg der Puppen und einige haben schon einen sehr langen hinter sich. Die älteste Handpuppe stammt aus den zwanziger Jahren. Schaut man sich genauer um, so erkennt man, daß das Hauptinteresse des Sammlers den Holzhandpuppen gilt. Besonders die aus dem Erzge-

Königin, der König und der Polizist bilden eine vertraute Einheit. Andere Gruppen sind nach regionalen (javanesische Stabpuppen) oder nach ästhetischen Gesichtspunkten geordnet.

Die Puppen findet Kurzenberger auf Flohmärkten, in Spielwarengeschäften, die antikes Spielzeug anbieten; einige bringt er von seinen Reisen mit. Wenn er etwas Zeit findet, liest er auch gerne eines der Puppentheaterstücke, in denen die Figuren lebendig werden.

Ina Müller

birge haben es Hajo Kurzenberger angetan. In ihnen findet er auch die Melancholie der Menschen wieder, die die Puppen in kleinen Manufakturen hergestellt haben.

Die Präsentation folgt zum Teil den Figurationen des Puppentheaters: Kasper und Seppel, das Krokodil, die

Geister in der Nachbarschaft

„Ektoplasma, Protonenpäckchen, Verbannungscontainer", diese Begriffe gehören zum Vokabular der Ghostbusters, zu deutsch Geisterjäger, Egon Spengler, Ray Stantz, Winston Zeddmore und Peter Venkman. Die vier unkonventionellen Wissenschaftler befreien in den Filmen *Ghostbusters I und II* und in drei gleichnamigen Fernsehserien New York von zahllosen Geistern. Ihre für Nichteingeweihte fremdartig klingende Fachsprache ist Ausdruck für die gleichermaßen phantastische wie reale Filmwelt der Ghostbusters, deren Reiz viel-

leicht gerade in dieser Mischung begründet ist. Zu den Filmen wurden Anfang der 80er Jahre Actionfiguren produziert; so daß mit den vier Helden, ihren Fahrzeugen, Waffen und Instrumenten und selbstverständlich auch mit den Geistern gespielt werden konnte. Über 200 dieser Plastikfiguren und Fahrzeuge hat Lennart Hügel gesammelt. Sie sind in Gruppen zusammengestellt in seinen Bücherregalen präsentiert. Klarsichtfolie, die über die Regale gespannt ist, schützt die Sammelobjekte vor Staub. Zwischen den Actionfiguren fallen dem Betrachter auch diverse Merchandising-Artikel und einige Bücher und Comics auf. Besonders stolz ist Lennart auf ein Kinoplakat mit dazugehörenden Aushangfotos, eine „lebensgroße" Ghostbusters-Ausrüstung und die vielen kleinen Geister und Zubehörteile. Diese gingen beim Spielen leicht verloren und sind daher heute sehr selten geworden.

Ihn faszinieren an den Ghostbusters die Spezialeffekte der Filme und die Wandlungsfähigkeit der Spielzeuge - auch wenn er selbst nie damit gespielt hat. Nur in kleinen Auflagen produziert, haben manche Stücke schon Raritätenstatus. Lennart sucht schon über drei Jahre auf Flohmärkten und „auch sonst überall" nach allem, was nur entfernt mit Ghostbustern zu tun hat. Sein Interesse für die vier Geisterjäger besteht nicht erst seit 1996. Schon als kleines Kind sammelte er beinahe das ganze Ghostbuster-Stickeralbum von *Panini* voll. Es ist ihm zwar schon vor Jahren abhanden gekommen, aber selbstverständlich hat er heute mehrere Ausgaben in verschiedenen Erhaltungszuständen.

Sein Hobby, Videospiele, ist auch von seiner Sammlung beeinflußt. So besitzt er beinahe alle Computer- und Videospiele über die vier New Yorker Parapsychologen. Und er hat seine Sammlung auch auf seiner Internetseite zum Thema gemacht.

Leider wächst seine Sammlung nicht mehr so schnell wie in den ersten Jahren; schließlich besitzt er beinahe alles, was in den Spielfiguren-Katalogen aufgelistet ist. Er hat sogar einige Stücke, die noch in keinem Katalog verzeichnet sind, z.B. das Einsatzflugzeug der Geisterjäger. Trotzdem gibt es immer wieder Überraschungsfunde, die seine Sammlung erweitern. Erst kürzlich erwarb er in Köln zwei aus Amerika importierte DVDs mit den Kinofilmen, den Trailern und einigen in den Filmen geschnittenen Szenen. „Einen DVD-Player habe ich zwar noch nicht, aber irgendwann werde ich wohl

Gelegenheit haben, sie anzusehen.", meint Lennart Hügel: „Sammelobjekte müssen ja auch nicht nützlich sein, denn dem Sammler kommt es vor allem darauf an, sie zu besitzen."

Sabine Kuse

Afrikanische Skulpturen

Wenn man Robert Günzel fragt, warum er Afrikanische Kunst sammelt, nennt er beinahe ebensoviele Gründe, wie er Stücke in seiner Sammlung hat. Etwa 70 Objekte trug er in der kurzen Zeit von nur sechs Jahren zu-

sammen. Die meisten davon befinden sich in seinem Arbeitszimmer; zwischen Kunstbänden und polierten Möbeln haben sie ihren Platz gefunden. Aber man begegnet ihnen schon, wenn man das Haus des Künstlers und Kunstwissenschaftlers betritt. Der Durchgang zu seiner Werkstatt gleicht einer Privatgalerie; den Treppenaufgang zieren unterschiedliche Masken.

Seine Leidenschaft für Afrikanische Kunst begann mit dem Kunststudium und stand von da an in enger Verbindung mit seiner beruflichen Entwicklung. Zu wissen, daß große Künstler wie Picasso oder Matisse Afrikanische Kunst hoch schätzten, Inspiration daraus zogen und selber gesammelt haben, entfachte das Interesse des angehenden Bildhauers und zählt auch heute noch zu den Motiven seiner Sammeltätigkeit. Während des Studiums und lange danach fehlte aber das Geld, um mit dem Sammeln zu beginnen. „Einmal habe ich ein Stück kaufen wollen und konnte es schon mit nach Hause nehmen. Fast heulend habe ich es dann zurückgebracht, weil ich das Geld nicht zusammenkriegen konnte," erinnert sich Günzel. Auch heute gibt es viele Stücke, die für ihn unerschwinglich sind, auf einem Kunstmarkt, auf dem zum Teil Beträge in Millionenhöhe für eine Skulptur gezahlt werden. So ist wohl ein bißchen Nervenkitzel dabei, wenn Günzel nicht nur in Galerien, sondern auch abseits von etablierten Wegen nach wertvollen Stücken sucht.

Der vermeintliche oder tatsächliche finanzielle Wert der Stücke spielt aber für sein Sammeln eine untergeordnete Rolle. Ausschlaggebend ist vielmehr die Aura, die die Figuren umgibt, das Wissen, daß sie in engem, ja existentiellen Zusammenhang mit dem wirklichen Leben gestanden haben. Man spürt diesen Skulpturen ihre Geschichte, ihre Geschichten an. „Wenn diese Figuren erzählen könnten! Sie haben unglaublich viel gesehen und erlebt!", so Günzel. Denn afrikanische Skulpturen wurden ursprünglich für rituelle kultische Zwecke hergestellt, zumindest bis ihr Marktwert in Europa und Übersee entdeckt wurde.

Inzwischen werden die Figuren auch für den Kunstmarkt produziert. Günzel weiß, daß dies auf einige seiner Stücke zutrifft. Gekauft hat er sie trotzdem. So etwa den Nagelfetisch, der mit wildem Blick über die Sammlung wacht, mit großer Präsenz, Lebendigkeit und Kraft.

Skulpturen wie diese sind für Günzel sammelwürdig wegen ihres starken, beinahe persönlichen Ausdrucks. Die fragwürdige Provenienz bereitet hier keine Schwie-

rigkeiten. Bei anderen Stücken ist die fehlende oder nicht nachweisbare Authentizität für den Sammler und Künstler ein Problem. Bei der hüfthohen Statue aus dem Stamm der Baule, die Günzel aus einem Nachlaß erwerben konnte, scheiterte bisher jeder Versuch, ihre Echtheit nachzuweisen. Günzel ist aber sicher, daß es sich bei bei dieser Figur um ein Original handelt.

Dieses Problem läßt sich bei Afrikanischer Kunst jedoch nicht einfach lösen. Denn weder die Formensprache, noch die Bearbeitungstechnik oder die Holzqualität geben einen absolut sicheren Aufschluß über die Authentizität der Stücke. Läßt sich ihre Herkunft nicht lückenlos belegen, wie etwa beim Kauf über renommierte Händler, entscheidet sich die Frage von echt oder unecht allein am künstlerischen Ausdruck.

Für Günzel steht dieser ohnehin im Mittelpunkt des Interesses, auch im Hinblick auf die eigene künstlerische Tätigkeit. Dem Bildhauer, der selber vorwiegend mit Holz arbeitet, bietet die Auseinandersetzung mit den Afrikanischen Skulpturen Anregung, gleichzeitig ist sie aber auch eine große Herausforderung. Dem Privatmann eröffnet das Sammeln dieser Kunst einen Zugang zu einer fremden geistigen Welt, die Faszination und Bewunderung auslöst.

Christine Raudies

Farbenfrohes Plastikmeer

Vor einem kleinen runden Tisch sitzt Steffen Kommer
Aug' in Aug' mit einer Armee von grell bunten Winz-
lingen. Dreihundert stehen ihrem Besitzer gegenüber
und machen den Eindruck, als seien sie froh, endlich
wieder präsentiert zu werden. Eine Holzschublade ist
ihr gewöhnlicher Aufenthaltsort, denn die kleinen Über-
raschungsei-Figuren gehören Steffen Kommers Vergangenheit an.

1994 begann er, die „In-jedem-siebten-Ei-Helden" zu
sammeln. In Setzkästen und auf selbst gebauten Holz-
podesten thronten sie in seinem Zimmer: Top Ten Ted-
dies neben Funny Fanten und auch die Frosty Frogzz
waren in fast vollständiger Besetzung vertreten. „Eine
Kollektion besteht aus zehn Figuren, die kommen dann
ungefähr ein halbes Jahr lang in den Schokoladeneiern
vor," sagt Steffen Kommer und hebt einen der Fuß-
ballschlümpfe aus seiner Lieblingskollektion an. „Dieser Schlumpf gehört zu den ältesten Figuren meiner
Sammlung. Er ist fast nicht mehr zu finden."
Für manche der zum Teil handbemalten Plastikge-
schöpfe geben Sammler weit über 100 DM aus, nachdem sich inzwischen eine rege Sammlerszene mit zahlreichen Katalogen und Börsen entwickelt hat. Steffen
ging es mehr um das Tauschen und Handeln, der materielle Wert bedeutete ihm nichts. „Damals haben viele meiner Freunde auch gesammelt. Es war so eine Art
Kettenreaktion: Einer fängt an und dann packt alle das
Sammelfieber." Aber nicht jedes Sammelfieber hätte

ihn angesteckt: „Die Idee von kleinen Plastikfiguren in Schokoladeneiern war für mich etwas völlig Neues. Die Weiterentwicklung und die Vielfalt bei gleichbleibender Größe faszinierte mich ebenso wie ihr Stil."

Um seine Trefferquote beim Kauf der Ü-Eier zu steigern, probierte er verschiedene Techniken aus: An erster Stelle stand der bekannte Schüttel-Test, der aber nur bei geschultem Gehör zum Erfolg führt. Eine zweite Möglichkeit war das Wiegen. Puzzle-Figuren sind meist leichter als die begehrten Kompakt-Figuren. Auch für diesen Test braucht man einige Übung.

Um das Schokolade essen zu reduzieren, begann er mit einem Freund einer etwas ungewöhnlichen Freizeitbeschäftigung nachzugehen: Sie klingelten bei Nachbarn und fragten nach den heiß ersehnten Ü-Eier-Figuren. Wenig erfolgreich gaben sie die Idee bald auf. Doch auch ohne Nachbarschaftshilfe brachte Steffen innerhalb von knapp drei Jahren dreihundert verschiedene Figuren zusammen. Jede Woche bekam er, meist aus zweiter Hand, ein bis zwei neue Figuren hinzu. Obwohl einige Kollektionen noch nicht vollständig waren, verschwand das Sammelfieber nach seinem Sommerurlaub 1997. „Vielleicht habe ich in diesem Sommer einfach zu viele Überraschungseier gekauft. Überdies sind alle,

die mir noch fehlen, kaum mehr zu bezahlen."

Einmal hat er versucht, seine Sammlung komplett zu verkaufen. Als die potentielle Käuferin nach einem Streitgespräch über den Wert der Sammlung wütend abgefahren war, war er doch froh, sie nicht in andere Hände gegeben zu haben und behält sie jetzt als Erinnerung.

Aber da ein Sammler immer Sammler bleibt, ist Steffen Kommer schon dabei, etwas Neues zusammenzutragen: Flaschenkorken.

Ina Müller

Privatmuseen

Werkzeuge des Geistes -
Schrift und Schreibzeuge aus China und Japan

Von zahlreichen Reisen nach Ostasien - allein fünfmal nach China und dreimal nach Japan - bringt Peter Meyer mit, „was mir gut gefällt - aus allen Bereichen der Kultur."

Beim Betrachten der Meyerschen Schätze ist bald ein Schwerpunkt auszumachen: Japanische und insbesondere chinesische Schriften haben es ihm angetan. Dieses Interesse ist nicht etwa oberflächlich, Meyer lernt chinesisch und versucht, mit Pinsel und Tusche in der

Tradition der chinesischen Kalligraphie zu arbeiten. Kenntnisreich erklärt er die Herkunft und Bedeutung von bronzenen tibetischen Tuschfäßchen, einer japanischen Pinselablage, von Siegelstempeln. „Jeder Chinese hat einen persönlichen Stempel, der als Unterschrift gilt", weiß Peter Meyer zu einem besonders schönen Exemplar aus Marmor zu erzählen. Ihm ist der Gebrauch von Tuschesteinen ebenso vertraut wie der Umgang mit Papierbeschwerern. Anschaulich demonstriert er, wie damit ein Rollbild auf beiden Seiten fixiert wird. Besonders eindrucksvoll gestaltet ist ein Pinselbecher aus Bambus. Dargestellt sind zwei Szenen mit *Literaten* - eine westliche Entsprechung wären am ehesten *Intellektuelle* - vor einer Gebirgslandschaft.

Peter Meyer berichtet von verheerenden Folgen der chinesischen Kulturrevolution für die Kunstschätze des Landes. Einiges sei schon zuvor von Sammlern ins Ausland gebracht und somit gerettet, vieles jedoch unwiederbringlich zerstört worden. Von dem, was nicht der Vernichtung anheim gefallen war, gab es bis vor einigen Jahren in den sogenannten Freundschaftsläden für ausländische Touristen gelegentlich noch Interessantes zu kaufen - die Chinesen benötigten Devisen. Heute gibt es eine größere Auswahl an Ostasiatica - ob alt oder neu - in den europäischen Antiquitätengeschäften. Die Entwicklung in Japan verlief anders: Ende des 2. Weltkrieges war die Bevölkerung verarmt, viele mußten ihre Kunstgegenstände verkaufen, um zu überleben. In den 60er Jahren kam es dann - nach einer Phase der Orientierung an westlichen Vorbildern - zu einer Rückbesinnung auf die traditionellen japanischen Werte. Das äußerte sich auch in dem Bestreben der Japaner, ins Ausland verkaufte Antiquitäten zurückzukaufen.

Meyer setzt sich respektvoll mit den chinesischen und japanischen Kulturen auseinander. Er hat versucht, eine Parabel von Mengzi, einem bedeutenden chinesischen Philosophen, der von 372 - 289 v. Chr. lebte, zu übersetzen. Auf einer seiner Reisen hat er den chinesischen Künstler Yang Jin-Song kennengelernt. Dessen Bilder erscheinen ihm so bedeutend, daß er sich wünscht, sie würden in Deutschland ausgestellt. Und Meyer hat nicht zuletzt aussagekräftige und beeindruckende Fotografien auch vom modernen China gemacht, wie man sie besser in keinem Reiseführer oder Bildband findet.

„Man will damit leben", erklärt Peter Meyer auf die Frage, warum er Ostasiatica sammelt. Er empfindet sich nicht als herkömmlichen Sammler. Der Wunsch nach

Vollständigkeit oder Spezialisierung ist ihm ebenso fremd wie Besitzdenken; Tauschen ist ohnehin nicht vorstellbar. Peter Meyer lebt tatsächlich mit den Zeugnissen der fernen Kulturen.

Gudrun Wille

Tagespresse als historische Quelle

Er sei von seiner Kindheit an Sammler gewesen, erklärt Harald Braem. Sport treiben oder Basteln habe ihn nie interessiert, aber das Zusammentragen von Dingen üb te schon immer eine Faszination auf ihn aus.

In seiner Grundschulzeit schneidet er aus TV-Zeitschriften Bilder der Filme aus, die er im Fernsehen nicht sehen durfte, wie von denen, die er gesehen hat, und hütet sie sorgsam.

Im Oktober 1977, mit 15 Jahren, unternimmt er seine erste Reise ohne Begleitung nach Frankfurt am Main. Am letzten Tag seines Aufenthalts kauft er dort am Bahnhofskiosk alle Zeitungen dieses Tages als Souvenir. Daraus entwickelt sich ein Interesse herauszufinden, welche Zeitungen es in Deutschland gibt und wo sie erscheinen. So beginnt er Zeitungen zu sammeln. Er kauft von jedem Titel ein Exemplar oder läßt es sich von Verlagen schicken. Sein Interessengebiet wächst schnell über Deutschland hinaus, so daß er Bahnfahrten quer durch Europa unternimmt, immer mit einem leeren Koffer, den er am Ziel mit sämtlichen Zeitungen eines Tages füllt. Schmunzelnd erzählt Braem, daß er beispielsweise in Finnland Aufsehen erregte, wo man sich nicht nur über die Menge der von ihm erstandenen Tageszeitungen wunderte, sondern vor allem darüber, daß er sie kaufte, obwohl er kein Wort finnisch verstand.

Der Sammler häuft bald auch arabische, russische und chinesische Zeitungen an. Sein Ziel ist es, je eine Nummer der gesamten Weltpresse zu besitzen. Als er einige hundert verschiedene Tageszeitungen besitzt merkt er, daß dieses Ziel unerreichbar ist, da weltweit ca. 10.000 erscheinen und gibt sein Vorhaben auf. Er löst seine Sammlung auf; nur die ersten Zeitungen, die aus Frankfurt, liegen heute noch auf dem Dachboden.

Braems Interesse an Zeitungen wächst jedoch weiter. Anfang der 80er Jahre ersteht er auf einem Flohmarkt ein erstes historisches Exemplar, die *Braunschweiger Nachrichten* von 1779. Er ist begeistert und begibt sich auf die Suche nach weiteren Ausgaben der frühen Presse, zuerst auf Flohmärkten und auf Dachböden. Später beginnt er auf Auktionen, im Antiquariatshandel, und von Privatleuten (über Annoncen in Fachzeitschriften) zu kaufen. Er tauscht auch mit vielen Sammlerkollegen, hauptsächlich aus dem Ausland, zu denen er regen Kontakt hält.

Der Reiz liegt für ihn vor allem in der Exklusivität seines Spezialgebietes, in Deutschland gibt es nur fünf bis zehn Personen, die ähnlich umfassend wie er historische Zeitungen sammeln.

An wirklich gute Exemplare kann man nur durch Tausch kommen, manchmal hilft der Zufall. Gezielt nach einer bestimmten Nummer zu suchen, ist nahezu aussichtslos; daher ist es schwierig, Lücken in der Sammlung zu schließen.

Finanziell setzt sich der 37jährige kaum Grenzen. Grenzen ergeben sich in Deutschland durch das geringe Angebot. Dabei ist das Sammelgebiet eigentlich relativ preiswert, weil es wenige Interessenten gibt, keine Kataloge, keine Fachzeitschriften, keine Preislisten und in Deutschland auch keine Sammlervereinigung. Für besondere Exemplare, etwa aus dem 17. Jahrhundert, dem ersten Jahrhundert der Presse, sind vierstellige Beträge aber nicht ungewöhnlich.

Harald Braems Sammlung umfaßt die Presse des 17. bis zur Mitte des 19. Jahrhunderts. Er konzentriert sich auf diesen frühen Zeitraum, weil dieser ihn historisch sehr interessiert und dessen Erschließung viel Geduld und Pioniergeist erfordert. Hinzu kommt, daß die Zeitungen von damals ein handliches Format besitzen. Vor allem aber sind sie wegen des handgeschöpften Papiers sehr lange haltbar - ca. 500 Jahre. Sorgfältig aufbewahrt sind Braems Zeitungen also konservierbar für die nächsten Jahrhunderte.

„Die Begrenzung auf eine Epoche war auch notwendig um einen Überblick zu behalten, und die Sammlung nicht ausufern zu lassen", erklärt Harald Braem. 50.000 Nummern, einzelne Blätter und ganze Bände bewahrt er zum Teil in Mappen aus säurefreiem Papier in seinem Arbeitszimmer und im Keller auf. In diesem Archiv liegen auch 30.000 Exemplare Hildesheimer Zeitungen, ganze gebundene Jahrgänge und wertvolle Einzelstücke, darunter zwei Bände aus dem 18. Jahrhundert. Mit einem Luftentfeuchter sorgt der Sammler für optimale klimatische Bedingungen. Braem, der inzwischen der weltweit größte Privatsammler historischer Zeitungen geworden ist, betreut sein Sammelgebiet professionell. Für seinen umfangreichen pressekundlichen Handapparat hat er bereits einen Katalog erstellt. Für seine Sammlung wünscht er sich eine komplette EDV-Erfassung. Er weiß aber, daß das eine Lebensaufgabe ist, die er allein kaum bewältigen kann. „Vielleicht, wenn ich pensioniert bin" sagt er zweifelnd.

Für Harald Braem ist die Lektüre seiner historischen Zeitungen „wie eine Zeitreise". Vielleicht ist seine ganze Sammlung auch ein Versuch, die Zeit anzuhalten, denn nur was aufgehoben wird, ist nicht unwiederbringlich verloren. „Die Lektüre dient dem Verständnis der Vergangenheit. Aus ihr erfolgt zugleich ein besseres Verstehen der Gegenwart und daher dient sie sogar der Vorbereitung auf die Zukunft." Der Sammler beginnt zu schwärmen. Er wünscht sich, viel mehr Menschen für seine Art der Geschichtserfahrung begeistern zu können und bedauert, daß die Tagespresse in Deutschland als historische Quelle zu wenig Beachtung findet. Eines seiner Lieblingsstücke ist eine sogenannte Ereigniszeitung, das *Extrablatt der Freude* der *Vossischen Zeitung* von 1848, das anläßlich der Aufhebung der Zensur über freie Presse und die Revolution berichtet. Ebenso schätzt er den Originalzustand des Papiers, der bei seinem Jahrgang der *Leipziger Zeitung*, von 1761, deutlich erkennbar ist, da dieser unbeschnitten eingebunden ist. So hat sich der alltägliche Gebrauchscharakter der Zeitung erhalten.

Harald Braem ist nicht nur ein „Vollblutsammler", sondern auch ein „Vollzeitsammler", denn seine Arbeitsstelle im Stadtarchiv bietet dem gelernten Buchhändler und Verlagskaufmann die Möglichkeit, privates und berufliches Interesse in Einklang zu bringen. Beides befruchtet sich gegenseitig und ihm wird die Beschäftigung mit Zeitungen nie zu viel. „Eine Zeitung bleibt stumm, wenn man sie nicht praktisch erschließt, das heißt: Lesen!" Sein Traum ist, alle seine Zeitungen gelesen zu haben. Aber dafür wird seine Zeit wohl nie ausreichen.

Ein weiteres Interessengebiet Braems ist die Kryptozoologie. Er sammelt auch Bücher und Zeitungsartikel über noch unbekannte Tierarten und ist Mitglied der *International Society of Cryptozoology*. Wie bei den historischen Zeitungen bietet sich ihm hier die Möglichkeit sammelnd zu entdecken und bisher unbekannte Gebiete zu erschließen.

Harald Braem ist Sammler „weil es ein beglückendes, befriedigendes Gefühl ist, aus Einzelstücken ein geordnetes Ganzes zu schaffen, das einen kulturellen und materiellen Wert darstellt - ein sinnvolles Etwas."

Sonja Zimmer

Steinreich

Viele Menschen träumen davon, ihr Hobby zum Beruf zu machen - genauso schön ist es, wenn aus dem Beruf das Hobby wird. So war es bei Wilfried Kuse. Als er mit 15 eine Lehre als Bergmann in Castrop-Rauxel im Ruhrgebiet begann, fand er beim Kohleabbau seine ersten Bergkristalle. Seine Neugier für die bizarren und schönen Kristallformationen war geweckt, und mit den Jahren sammelten sich einige Stücke an. Als er mit dem Bergbau aufhörte und nach Hildesheim zog, schlief auch das Interesse für die Steine ein. Kurzer-

hand warf er all die mit Mühe gesammelten und mit Sorgfalt gesäuberten und gepflegten Steine in die nächste Abfalltonne. Er suchte sich neue Arbeit und lernte seine Frau kennen. Als sein Schwiegervater eines Tages von der Arbeit, er war im Straßenbau tätig, wunderschön gewachsene Calzitkristalle mitbrachte, wurde aus dem Interesse von damals erneut und diesmal endgültig eine Sammelleidenschaft. Begeistert kann Wilfried Kuse stundenlang von den Kristallformen und Besonderheiten der einzelnen Steine erzählen. Er kennt durch seine lange Sammelerfahrung auch ihre chemische und geologische Entstehungsgeschichte und manchen Trick, sie künstlich wachsen zu lassen oder einzufärben. Doch als Experten sieht er sich selbst nicht. Für ihn zählt in erster Linie die natürliche Schönheit der Mineralien. Dabei müssen diese noch nicht einmal außergewöhnlich groß sein. „Die richtig großen und teuren Steine sehe ich mir lieber in Museen an." So ist es auch nicht der materielle Wert, der ihn interessiert, sondern der vielfältige Wuchs und die Formation der Kristalle im Fels. Den Reiz am Sammeln macht für ihn auch die damit verbundene körperliche Anstrengung und die notwendig aufzubringende Beharrlichkeit aus. „Es kommt vor, daß ich zehnmal oder öfter zu ein und derselben Stelle fahre, bevor ich einen Fund mit nach Hause bringe." Ausflüge mit der Familie, die nicht immer seine Begeisterung teilt, nutzt Wilfried Kuse dafür, in stillgelegten Bergwerken oder auf Abraumhalden mit Hammer und Meißel auf Erkundungstour zu ziehen, immer mit der nötigen Vorsicht, kennt er doch die Gefahren beim Bergbau aus seiner Lehrlingszeit. Egal, ob er Urlaub in Österreich, Norwegen oder einen Spaziergang zur nahegelegenen ICE-Baustelle macht, immer hält er die Augen offen. Er stöbert in kleinen Souvenierläden und auf Mineralienbörsen, ob sich nicht das ein oder andere Schnäppchen machen läßt. Wilfried Kuse ist in erster Linie ein Sucher. Das Sammeln und Besitzen ist für ihn zweitrangig. Manchmal sind es Tips von Kollegen, die ihn zu einer Fundstelle führen, und nicht selten der Zufall: So als er vor einigen Jahren mit einem Freund nur magere Beute aus einem stillgelegten Steinbruch im Weserbergland holte. Durch ein Mißgeschick mit den Autoschlüsseln, die sie im Wagen eingeschlossen hatten, lernten sie einen pensionierten Bergmann kennen, der kiloschwere Bergkristalle zuerst als Beetumrandung benutzt und später, aus Desinteresse, in den Bach neben seinem Haus geworfen hatte. Das Malheur mit dem Wagen war vergessen, als die Bergkristalle geborgen wa-

ren - heute bereichern sie Wilfried Kuses Sammlung. „Solche Begegnungen machen für mich das Sammeln aus." Seine Sammlung hat Kuse sorgfältig beschriftet und auf Karteikarten festgehalten. Nach Art sortiert ruhen die Steine in parzellierten Schubladen in einem eigens dafür vorgesehenen Schrank. Die größeren, imposanteren Stücke sind in einer von innen beleuchteten Glasvitrine ins rechte Licht gerückt. Gerne steht er davor und denkt an die Geschichten, die er über jeden der Steine zu erzählen weiß.

Sabine Kuse

Zeigt her Eure Füße

Jede(r) kennt das Problem: drei Paar blaue Schuhe - und keines paßt zur neuen Hose. Ein neues Paar muß her! Aber sich von den alten trennen? - Auf keinen Fall! Auf diese Weise kommen wohl viele Menschen auf eine be-

trächtliche Ansammlung von Schuhen. Eine Ansammlung ist aber etwas anderes als eine Sammlung. Sammler heben nicht auf, um es noch einmal zu benutzen, Sammler interessieren sich aus ideellen Gründen für die Objekte ihrer Begierde.

Für Karin Beer-Engel ist der Schuh weit mehr als nur ein Gebrauchsgegenstand. Sie selbst stammt aus einer Familie, die schon aus beruflichen Gründen immer mit Schuhen zu tun gehabt hat.

Erst der Besuch einer Schuhfabrik in Venezien/Italien entfachte ihre Leidenschaft für Schuhe. Sie erkannte, wieviel Arbeit in einem handgefertigten Schuh steckt und entdeckte ihn als Kunstobjekt. Dies war vor über 30 Jahren.

Auf Reisen, hauptsächlich nach Italien, erhält sie Einblicke in die Musterräume der Schuhcouturiers. Von dort bringt sie immer wieder Leisten und einzelne Schuhe mit. Aber nicht nur Schuhe sind inzwischen in ihrer Sammlung, sondern alles was sich um den Schuh dreht: Schuhobjekte, wie der schwarze Stöckelschuh, der als Telefon genutzt werden kann, Seidentücher mit Schuh-Motiven, Schirme, Schuhkartons, Bücher, Drucke, Plakate und Karten sind nur einige Gegenstände ihrer Sammlung.

dere interessante Stücke ein. Jüngst erhielt sie auf diesem Weg, von einem Sammler aus Gütersloh, ein Stück mit zweifacher, bemerkenswerter Provenienz - Tennisschuhe von Boris Becker, die vorher im Besitz von Hannelore Kohl waren.

Einen Traum hat die 64jährige Sammlerin noch: eine museale Präsentation ihrer Schuhsammlung. Den Aufbau, das Licht in dem die Stücke glänzen sollen, hat sie genau im Kopf. Ein Raum ihres Hauses soll dafür genutzt werden. Den derzeitigen Mangel an einem eigenen Ausstellungsraum kompensiert sie, indem sie ihre Lieblingsstücke in ihrem Schuhgeschäft ausstellt. Aber dies ersetzt nicht ihr Museum für das Kunstobjekt Schuh.

Carolin Ferres

Ihre wertvollsten Stücke sind zwei Kinderschuhe, ein englischer aus dem 18. Jahrhundert und ein chinesischer aus der Zeit des Boxeraufstandes. Doch auch Objekte, die von dem italienischen Schuhdesigner Salvatore Ferragamo stammen, versetzen sie ins Schwärmen.
Einige ihrer Objekte tauscht sie gelegentlich gegen an-

Eingemachte Könige

Rüdiger Fligge und Siegfried Göhlich sind begeisterte und kritische Museumsbesucher mit besonderem Interesse an Ägyptiaka. Schon als Kind ging Rüdiger Fligge mit seinem Vater ins Roemer- und Pelizaeus-Muse-

um. Zu den ägyptischen Mumien meinte dieser abfällig: „Das sind alles nur eingemachte Könige." Dieses Vorurteil des Vaters hat sich aber mitnichten auf den Sohn übertragen. Im Gegenteil: auf Rüdiger Fligge haben die Mumien und die ägyptische Kultur großen Eindruck gemacht. Er hat sogar später im Raum Hildesheim an Volkshochschulen Diavorträge über seine Ägyptenreisen gehalten, und zusammen mit seinem Freund Siegfried Göhlich sammelte er, solange es finanziell möglich war, Skarabäen und Uschebti, ägyptische Grabbeigaben. Angefangen hatte es mit einer Reise nach Ägypten, die Rüdiger Fligge Anfang der 70er Jahre unternommen hatte. Von dort brachte er seinen ersten Skarabäus mit. Während der Besichtigung einer Pyramide hob ein Einheimischer ganz unauffällig etwas aus dem Sand und wollte es Rüdiger Fligge als echtes Amulett verkaufen. Er glaubte nicht an dessen Echtheit, aber es gefiel ihm als Andenken. Nach ein paar Wochen erst wandten sich Rüdiger Fligge und Siegfried Göhlich mit dem Stück an das Roemer- und Pelizaeus-Museum und der damalige Direktor Dr. Kayser bestätigte ihnen die Echtheit des Skarabäoiden. Skarabäen und Skarabäoide sind meist daumennagelgroße Amulette mit einer Tierdarstellung auf der einen und einem

tenteils von einem holländischen Antiquitätenhändler bezogen. Immer zur Weihnachtszeit schickte dieser eine Auswahl an Skarabäen und Uschebti, welche feierlich ausgebreitet und begutachtet wurden. Nicht selten standen sie dann vor der Entscheidung, ob das Weihnachtsgeld für ein weiteres Sammelobjekt oder doch besser für dringliche Anschaffungen im Haushalt ausgegeben werden sollte - was zumindest Rüdiger Fligges Frau lieber gewesen wäre.

Ihre Ägyptiaka bewahren sie in Glaskästen auf Samt oder in Regalen auf, die sich harmonisch in die Wohnung einfügen. Wegen der vielen Bücher und antiken

Schutzspruch auf der anderen Seite. Sie wurden den einbalsamierten Leichen auf die Brust unter die Binden gelegt. Die unerwartete Nachricht von der Echtheit forcierte das Interesse für Ägypten nun zur Sammelleidenschaft, die über 20 Jahre andauerte. Ihre gemeinsame Sammlung zählt 46 Stücke, die sie größ-

Stücke (teils echt, teils Nachbildungen) hat man den Eindruck, sich in der Wohnung eines Geschichtsprofessors zu befinden. Im Laufe der Jahre und mit immer detaillierterem Wissen um die Geschichte, Religion und Philosophie Ägyptens entwickelten sie ein Gespür für das Echte. Siegfried Göhlich spezialisierte sich auf Skarabäen und Rüdiger Fligge auf Uschebti. Ein Uschebti ist eine etwa daumengroße Figur, meist aus glasiertem Ton, die als Grabbeigabe in Flechtkörben oder Uschebtikästchen gefunden wird. Uschebti sind Helferfiguren. Nach ägyptischem Glauben hatten die Verstorbenen im jenseitigen Leben Verpflichtungen zu erfüllen. Um ihnen dies zu erleichtern, gab man ihnen Uschebti mit. Im Idealfall gab es für jeden Tag im Jahr eine Helferfigur und zusätzlich einige Aufseher-Uschebti.

Ein auf den ersten Blick unscheinbar wirkender Uschebti erregte Rüdiger Fligges Neugier und bildet heute das Glanzstück ihrer Sammlung. Nach genauen Nachforschungen, mit Kontakten zu Museen auf der ganzen Welt, stellte sich heraus, daß es sich bei diesem Uschebti um einen seltenen, wissenschaftlich bedeutenden Glasuschebti handelt. Rüdiger Fligge hat eine regelrechte Personalakte über den hohen ägyptischen Beamten, ei-

nen gewissen Ptahnefer, dem der Uschebti mitgegeben wurde, zusammengestellt. Rüdiger Fligge und Siegfried Göhlich sind stolz auf eine Sammlung, die sie in Zeiten begonnen haben, in der kaum jemand ihr Interesse für Ägypten teilte und mit der sie bei ihren Freunden damals auf Unverständnis stießen. Was ihre Sammelleidenschaft immer wieder vorantrieb, waren gerade die Schwierigkeiten, die sich ihnen in den Weg stellten. Ihr Wissen und ihre Erkenntnis zu erweitern, sich bei einem guten Glas Rotwein mit Herkunftsbestimmung und der Deutung der Inschriften auseinanderzusetzen, das ist es, was für beide den Reiz ausmacht. Hinzu

kommt: zu haben, was nicht jeder hat, die Magie des Originals zu spüren, wenn es auf dem Samt im Licht liegt und man sich vorstellt, es könnte erzählen: von dem Toten, auf den es behutsam gebettet wurde, von der Zeit, in der es entstand. „Solche Dinge gibt man nicht mehr weg, sie sind Teil von einem selbst geworden und haben einen verändert."

Sabine Kuse

Ein Übersee-Museum in Algermissen

„Mein Übersee-Museum" nennt Bernold Schlender scherzhaft den Raum im Souterrain seines Hauses, in dem er seine Konchylien-Sammlung untergebracht hat. (Konchylien, nach lat. Concha für Muschel, bzw. Conchylium für Schaltier, ist der Sammelbegriff für die Schalen von Weichtieren, also vor allem für die von Schnecken, Muscheln und Tintenfischen.) Von den weit mehr als 100.000 heute bekannten Arten von Schnecken (einschalige Tiere) und Muscheln (zweischalige) sammelt der Algermisser drei Familien von Meeres-

schnecken: die glänzenden Porzellanschnecken, lat. Cypraea, die giftigen Kegelschnecken, lat. Conidae, und die Stachelschnecken, lat. Muricidae.

Dem Betrachter scheint die Bezeichnung „Museum" gar nicht unangebracht zu sein. Peinlich genau nach Familien, Fundorten und Gattungen sortiert und lateinisch beschriftet, sind die ca. 2.000 Schalen in fünf Hochvitrinen wie in einem Museum präsentiert. Die allermeisten hat der Sammler nicht bei Händlern gekauft, sondern auf einer seiner vielen Reisen, die ihn zumeist in die Tropen und Subtropen führen, gefunden. Nur selbstgefundene Konchylien ermöglichen eine genaue Zuordnung von Schale und Fundort, und dies erst macht eine wissenschaftliche Auswertung möglich. Schlender vermißt zu Hause die Schalen genau - nachdem sie sorgfältig gereinigt wurden - und katagolisiert sie nach Fundorten und Arten im PC. „Im Abgleich mit anderen Sammlern können die Informationen dann Auskunft über Verbreitung, Artenvielfalt und Biotop-Veränderungen geben", erläutert er und rechtfertigt mit diesem Hinweis zugleich sein Sammeln gegenüber besorgten Umweltschützern, die seltene Tiere gefährdet sehen. Diese Sorge vermag Schlender nicht zu teilen, denn er hält sich, wie alle ernsthaften Sammler, an den

Kanon der geschützten Tiere, und informiert sich regelmäßig, welche Arten geschützt und welche (wieder)
freigegeben sind. Im Gegenteil, er sieht keinen Wider-
spruch zwischen Konchylien-Sammeln und Tierschutz,
da die Populationsdaten, die auch von Sammlern wie
ihm verbreitet werden, mit zum Wissen über zu schüt-
zende Arten beitragen.

Schlender sammelt seit nunmehr fast 25 Jahren. 1975
während seiner ersten Afrikareise fand er an den Strän-
den von Südafrika die ersten Schalen von exotischen
Muscheln und Meeresschnecken. Die Mitbringsel sollten ein Stück Erinnerung an einen aufregenden Konti-
nent in die Heimat transportieren. Einige besonders de-
korative Schalen schenkte er seiner Schwester. Diese
war von der Farben- und Formenvielfalt begeistert. Sie
kaufte sich ein Bestimmumgsbuch und suchte später
den Kontakt zu europäischen Händlern und Sammlern.
Auf seinen späteren Reisen wurde Schlender von ihr
förmlich angehalten, nach ganz speziellen Gehäusen
auf Märkten und in Geschäften Ausschau zu halten.
Bald fiel es ihm immer schwerer, sich von besonders
schönen Stücken zu trennen, so daß sich einige bei ihm
ansammelten, und der Grundstock für seine Sammlung
war gelegt.

An seinem Sammelgebiet fasziniert ihn vor allem die
oft bizarre Schönheit und die bunte Vielfalt der Konchylien. Nicht zuletzt gefällt es ihm auch, daß er sich
auf diesem Gebiet zu einem Experten hat entwickeln
können, dessen Ansicht unter den Sammlerkollegen
und Wissenschaftlern zählt, von denen er oft zu Rate
gezogen wird. Schlender stellt Fotos seiner Stücke für
wissenschaftliche Publikationen zur Verfügung und ver-
öffentlicht hin und wieder in der Zeitschrift des *Club
Conchylia*, in dem sich mehr als 300 Sammler zusam-
mengeschlossen haben. Allerdings macht er nicht jede
Sammlertorheit mit. So verzichtet er bewußt darauf,

außergewöhnliche Stücke seiner Sammlung in einem internationalen Fachblatt (*Registered World Wide Records*) zu melden. Ihn interessieren solche Rekorde nicht. Wichtiger sind ihm die Erinnerungen, die mit seinen Konchylien verbunden sind. Zum Beispiel an einen philippinischen Fischer, der ihn drei Tage lang hingehalten hatte und die versprochene Schnecke - eine seltene Contaminata - nicht beibrachte. Er fuhr ihm nach der Abreise mit einem geländegängigen Motorrad hinterher, um ihm die Schnecke - und seine liegengelassene Kamera - nachzuliefern.

Reisen, Reiseerlebnisse und Konchylien sammeln - das gehört für Bernold Schlender zusammen: ja oft scheint es, als ob das eine nur Vorwand für das andere ist. Und das Fernweh, geweckt durch jugendliche Lektüre von Reiseberichten, hat ihn sein ganzes Leben nie verlassen. Nach der Schule, nach der Bundeswehr, nach einer ersten langjährigen Berufsausübung als Augenoptiker - wann immer sich Gelegenheit bot, nahm er Urlaub von Europa, vom Alltag, und lebte oft monatelang in Afrika oder Asien, besonders häufig auf den Philippinen. In seinem zweiten Beruf als „Ölsucher" konnte er Fernweh, Abenteuerlust und die Suche nach Meereskonchylien dann gut miteinander verbinden.

Auf seinen Reisen interessieren ihn weit mehr als nur die Schalen von Weichtieren: „Wenn ich keine neuen Schnecken finde, was immer öfter passiert, bringe ich ein paar schöne Unterwasserfotos mit nach Hause." Und als „einer von diesen Sammlern, die zwar nicht alles, aber vieles sammeln" (Schlender über Schlender), bringt er manche Kuriosität und manch schönes, handwerklich gut gearbeitetes Stück mit, seien es Automodelle aus Konservenblech, Flugzeugmodelle aus Balsaholz, kleine Holzfigurinen oder große Holzplastiken, z.B. ein halblebensgroßes Nilpferd („kurz vor den Viktoriafällen, da kann man die bekommen"). Mit diesen und anderen Dingen treibt er nebenbei ein wenig Flohmarkthandel, „nicht um Geld zu verdienen, aber doch um ein wenig das Reisen billiger zu machen". Dadurch hat er Kontakte mit den verschiedensten Sammlern. Für diese sucht er mit und bekommt im Tausch etwas für seine verschiedenen anderen Sammlungen. Neben den Konchylien interessiert ihn vor allem altes Glas - was bei einem Optiker naheliegt. So besitzt er u.a. eine reichhaltige, ca. 100 Stücke umfassende Sammlung alter Gin-Flaschen des 18. bis frühen 20. Jahrhunderts. Was aus seinen verschiedenen Sammlungen einmal wird, interessiert ihn nicht. Für ihn ist nur wich-

tig, daß er an ihnen Spaß hat, „solange ich sehen kann".
Nur eines weiß er: einem Museum wird er seine Konchylien nicht stiften. „Die haben doch gar keine Kapa-
zität, die geschenkten Sammlungen ordentlich zu kata-
logisieren und zu erhalten - da vergammelt doch das
meiste im Depot", resümiert er bittere Erfahrungen,
die wohl mancher Sammler schon gemacht hat.

Vera Silke Saatweber

Restauriert

Aufgewachsen in einem SINGER- Haushalt

Jeden Tag war im Haus das Rattern der Nähmaschine zu hören gewesen. Die Großtante verbrachte ihr Leben lang täglich mehrere Stunden vor einer wunderschönen alten SINGER- Maschine. Als Kind saß Sandra Walter

so oft wie möglich daneben, um der gelernten Schneiderin Gesellschaft zu leisten. Das Interesse aus der Kindheit blieb; so wählte sie in ihrem pädagogischen Studium „Textiles Gestalten" als einen Schwerpunkt, und sie begann mit dem Sammeln von Nähmaschinen, vor allem der Marke SINGER. Fragt man sie nach den Gründen ihrer Sammellust, nennt sie an erster Stelle die Faszination der Technik, gefolgt von der Freude an der Schönheit der alten Nähmaschinen. „Außerdem spüre ich noch die große Bedeutung, die diese Maschinen für ihre Besitzerinnen früher hatten", antwortet die 29jährige und erklärt weiter: „Die Frauen waren es, die, wie meine Großtante, früher oft ganze Nächte vor den Maschinen verbracht haben." Die Nähmaschinen erzählen für die Sammlerin ein Stück Familiengeschichte und verweisen auf die Kulturgeschichte der Frauen im 19. und 20. Jahrhundert. Ihr Wissen zu dem Thema hat sie aus einer Reihe von Büchern über kulturwissenschaftliche Aspekte der Textilverarbeitung.

Besucht man sie, so findet man auf jeder Etage des Hauses mehrere Nähmaschinen. Eine alte Schustermaschine, eine Maschine aus der Zeit des Art Déco und eine gußeiserne Nähmaschine vom Ende des letzten Jahrhunderts fallen besonders auf. Im Erdgeschoß hat natürlich noch immer die SINGER-Nähmaschine der Großtante einen Ehrenplatz. Insgesamt besitzt Sandra Walter etwa 30 Nähmaschinen, die sie auf Flohmärkten, auf dem Sperrmüll oder bei Eisenwarentrödlern gefunden hat. Einige hat sie sogar geerbt. Einige der Nähmaschinen stehen noch auf ihren Originaltischen. Für die anderen hat sie Holzpodeste bauen lassen, damit das Gestänge unter der Maschine beweglich bleibt, denn mit vielen Maschinen der Jahrhundertwende kann man noch immer nähen. Sandra Walter hat die meisten selbst repariert und restauriert. Um die Maschinen zu datieren und wieder in Stand zu setzen, zieht sie Spezialliteratur zu Rate.

Fragt man die ausgebildete Lehrerin nach ihren Wünschen, merkt man, wie gerne sie ihr Wissen über Textiles Gestalten weitergibt. Ihre Sammlung möchte sie auf Dauer einem Publikum zugänglich machen. „Mir geht es darum, die Nähmaschinen zu erhalten, ihre kulturellen wie familiären Geschichten zu vermitteln" sagt Sandra Walter und hofft, durch die Ausstellung diesem Ziel ein Stück näher zu kommen.

Ina Müller

Ausgewogen

Die erste Waage kam ohne Betreiben des späteren Sammlers ins Haus: Tochter Andrea schleppte sie vom Müllplatz an. Ein herrliches Spielzeug, wenn man sich mit den Füßen auf die Tafelwaage stellte und auf den Waagschalen kippelte und wippte! Als das Spiel ausgespielt war, wanderte die Waage in eine Ecke und wurde vergessen.

Die zweite Waage, eine Wirtschaftswaage, hatte der Großvater selbst gebaut. Sie war zunächst viele Jahre

im Haushalt benutzt worden, ehe sie dann zum Grundstock einer inzwischen aus ca. 140 Waagen bestehenden Sammlung wurde. Diese besteht seit über 30 Jahren und hat einige Besonderheiten:

Die Waagen stammen nicht nur von Floh- und Antikmärkten aus Deutschland, sondern auch aus England, Dänemark, Schweden, Polen, der Tschechoslowakei, Frankreich, Rumänien, der Türkei, vom Schmuckhändler aus Marokko, aus Tunesien und Mallorca: auf allen Reisen hält Eickmann Ausschau nach seinem Sammelobjekt.

Von der Apotheker-, über die Brief-, die Handels-, die Bäckerwaage, mit der Teig für Brot und Brötchen abgewogen wurde, von der Feder- über die Balken-, die Dezimalwaage - bei dieser Waage wird im Verhältnis 1:10 gewogen - bis hin zur Pendelwaage sind nahezu alle Typen vertreten, die von ihrer Größe in einem Einfamilienhaus unterzubringen sind.

Mit der Tausend-Korn-Waage, einer Spezialwaage aus der Landwirtschaft, kennt sich der gelernte Landwirt Eickmann besonders gut aus. Sie diente zur Bestimmung des Feuchtigkeitsgehaltes von Weizen oder Gerste. Eine Probe wurde umgerechnet auf das Hektolitergewicht und danach der Preis festgesetzt.

Die meisten Waagen sind beim Kauf in einem erbärmlichen Zustand. Mit handwerklichem Geschick, Gespür für das Material, Liebe zum Detail und unendlich viel Geduld restauriert Eickmann die Waagen. Jede einzelne wird zunächst völlig demontiert, mit der Drahtbürste oder einem Schaber von Schmutz und Rost befreit und dann wieder zusammengebaut. In einigen Fällen arbeitet Eickmann die Ersatzteile nach, in anderen erneuert er die Lackierung. Zum Schluß wird die Waage „ins Spiel gebracht", das heißt: wieder gängig gemacht, austariert. Inzwischen sind alle Waagen wieder voll funktionsfähig, das Eichamt fände keinen Grund zur Beanstandung.

Der Sammler - unter dem Sternzeichen Waage geboren - interessiert sich auch für die Geschichte der Waage von der Erfindung bis heute und für ihre Bedeutung als Symbol der Gerechtigkeit. Der Spaß am Tüfteln und Fummeln, wie er es selbst bezeichnet, steht für ihn jedoch eindeutig im Vordergrund. Es bereitet ihm Freu-

de und Genugtuung, „eine verrottete Waage wieder herzurichten und ins Gleichgewicht zu bringen".

Gudrun Wille

Spielzeug für Erwachsene

Der eine sammelt seit der Geburt des Sohnes, der andere „solange er sich erinnern kann"; jeder ein populäres Spielzeug seiner Jugendzeit. Die Objekte ihrer Sammlungen zeugen von weitreichenden technischen Errungenschaften der letzten hundertfünfzig Jahre; von Erfindungen, die Bewegung ermöglichen, die das Leben beschleunigen. Der Vater sammelt Dampfmaschinen, der Sohn Siku-Autos und alte Fahrräder. Angefangen hat Wilhelm R. das Sammeln, als sein Sohn gerade geboren war. Mit dem Gedanken, sie könnte Sohn

Christian einmal Freude machen, rettete er die erste Dampfmaschine aus dem Müll und setzte sie in liebevoller Kleinarbeit wieder in Stand. Das ist jetzt ungefähr zwanzig Jahre her. Viele Stücke sind inzwischen hinzugekommen, die in gemeinsamer Arbeit von Vater und Sohn gründlich gereinigt, neu zusammengesetzt und, wie fast immer notwendig, repariert wurden. Zu zweit restauriert es sich besser, und wenn ein Stück wieder funktionstüchtig ist, freut man sich doppelt. Doch mittlerweile sind Dampfmaschinen begehrte Sammelobjekte, die man sich nicht mehr ohne weiteres leisten kann. Dem Sammeln sind dadurch Grenzen gesetzt.

Auch Siku-Autos erzielen heute auf Sammlerbörsen hohe Preise. Christian R. gefielen als Kind vor allem die schön funkelnden Facettenlichter der Spielautos. Sein erstes bekam er als Dreijähriger geschenkt, und schon ganz früh hatte es - anders als anderes Spielzeug, das in die Spielkiste wanderte - einen festen Platz im Regal. Heute gibt es für die Sammlung einen eigenen Raum, der mit verglasten Setzkästen und passender Beleuchtung ausgestattet ist, in der die Strass-Scheinwerfer um die Wette glänzen. Auf Sammlerbörsen und in Magazinen wie dem *Sikurier* können sich Siku-Sammler aus-

Rennrad gestohlen wurde, kaufte er von einem Nachbarn ein altes schwarzes Herren-Rad, richtete es wieder her, fuhr dann aber kaum damit, weil es ihm dafür
zu schade erschien. Heute findet man dicht an dicht,
teilweise zerlegt, diverse Fahrräder im Keller. Er bekommt sie geschenkt oder kauft sie billig auf dem

tauschen. Aber anders als noch vor zehn Jahren findet
man heute nur noch selten ein erschwingliches Stück.
Kataloge geben die Preise vor, ein Markt hat sich entwickelt. Die langjährigen Sammler bilden eine Ge-
meinschaft, in der eher getauscht als verkauft wird. Professionelle Händler erschweren ihnen das Leben, indem
sie zum Beispiel systematisch auf Flohmärkten Siku-
Autos aufkaufen und diese dann auf Börsen sehr viel
teurer anbieten.

Ganz anders läuft dagegen das Sammeln der alten
Fahrrädern ab. Als Christian R. vor fünf Jahren sein

Sammeln noch enger verbindet. Doch vor allem das gemeinsame Vergnügen, alte Dinge wieder zum Laufen zu bringen, zu schrauben, zu ölen, zu montieren und sich auf diese Weise tätig mit Gegenständen, die eine Geschichte haben, auseinanderzusetzen, macht ihre Freude am Sammeln aus.

Julia Linder

Flohmarkt, da die großen schweren Ungetüme, wie zum Beispiel ein Schweizer Armeefahrrad, in den Zeiten superleichter Mountain-Bikes nicht mehr gefragt sind. Wenn man den Blick von Fahrrädern, Dampfmaschinen und all dem Werkzeug im Keller löst, sieht man an der Wand die Fotografie eines Geschäftes hängen. *Fahrräder und feines Spielzeug* steht in großen Lettern über dem Eingang. „Das war eine gängige Sortimentskombination am Anfang des Jahrhunderts", erklärt Christian R. Oft wurde damals Spielzeug, besonders technisches wie Dampfmaschinen, in Fahrradläden verkauft. Für Vater und Sohn war dies eine Entdeckung, die ihr

Rückblicke

Grün, grün, grün

Sammeln wie im neunzehnten Jahrhundert - aus Freude an den schönen Dingen, die den Alltag weniger alltäglich machen und die grundlegenden Tätigkeiten des Lebens kultivieren. Frank Teske geht es um die Verfeinerung der Sinne, ästhetische Bildung, um die gute Form; aber auch um das Sammeln als Zeichen des guten Geschmacks.

Der Sammler, der sich gerne mit Dingen umgibt, die nicht maschinell produziert wurden, sammelt grüne Gläser aus dem neunzehnten Jahrhundert. Mittel-

standsgläser, wie er sagt. Zwar ist seit der Antike die schwierige Herstellung von farblosem Glas möglich und gilt als ideal für Trinkgefäße, doch konnte sich solche Gläser bis ins neunzehnte Jahrhundert nur der reiche Adel leisten. Im letzten Jahrhundert wurden viele stark farbige Gläser hergestellt, die romantisierend an eine Glas-Mode des Mittelalters anknüpften, in dem die hohe Kunst der Glasbläser teilweise verlorengegangen war. Walter Dexel, der mit seinem 1950 erschienenen Buch *Glas* eine grundlegende Formgeschichte für Gebrauchsgläser vorgelegt hat, schreibt hierzu: „Bezeichnend für die Anfangszeit dieses Jahrhunderts ist die Vorliebe für starke Farben: dunkles Smaragdgrün, helles und dunkles Kobaltblau, Bernsteingelb, Rubinrot. Besonders die Spessarthütten fertigten aus solchem Glas Gebrauchsgegenstände aller Art." Die grüne Farbe dieser sogenannten Verunreinigungsgläser entsteht durch Eisenoxyd, das in dem neben Pottasche zur Glasherstellung notwendigen Sand enthalten ist. Bei durchsichtigen Gläsern wird die Grünfärbung durch chemische Prozesse entfernt.

Im Biedermeier entwickelte das aufstrebende Bürgertum eigene Formen für Gebrauchsgegenstände, die durch die Produktion von größeren Mengen für brei-

tere Schichten erschwinglich wurden. Schlichte Kelch-
gläser entstanden, unter denen die Form des „Römers"
besonders populär wurde. „Römer" ist die Bezeichnung
für ein Glas, das aus Kelch, Stil und Fuß besteht, wobei der Fuß gerillt oder mit Nodi (Stilknoten) verziert
ist. Diese Form geht, man kann es sich fast denken, auf
antike römische Trinkgefäße zurück. Frank Teskes 49
Gläser variieren bis auf wenige Ausnahmen diese
Grundform, die - nach Dexel - „das Streben zum Ausdruck [bringt], den schlichten Trinkgeräten früherer
Zeiten durch die Erhöhung ein dem edlen Inhalt ent-
sprechendes Ansehen zu geben."

1971 hat Vermessungsingenieur Frank Teske seine ersten beiden Gläser in Grün erstanden; zufällig und für
den sonntäglichen Gebrauch. Nach und nach wurde die
Beschäftigung mit den Gläsern immer umfassender.
Heute trägt er permanent ein selbstgemachtes, teils aus
Photographien, teils aus Zeichnungen bestehendes
„Formenleporello" mit sich, um den Kauf von
Doubletten zu vermeiden. Er kann die Gläser anhand
ihrer Form bis auf zehn Jahre genau datieren. Allerdings ist Glas aus dem letzten Jahrhundert nicht mehr
oft zu finden und die Sammlung wächst daher immer

schleppender, obwohl der Blick sich übt. „Man sieht
nichts anderes, wenn man sammelt. Ein Fenster kann
voll sein mit Plunder, Gläser sehe ich immer dazwi-
schen."
Frank Teske hat seine Sammeltätigkeit nach und nach
auf andere Gebiete ausgedehnt. Thonetstühle, Ju-
gendstil-Bilderrahmen, Druckgraphik - schöne Dinge,
die, wie seine Gläser, durch ihre besondere Gestaltung
auffallen und so dem Ideal der guten Form huldigen.

Julia Linder

Bilder und Drucke aus Alt-Hildesheim

Vor nunmehr fast zwei Generationen, am 22. März 1945, wurde Alt-Hildesheim ein Opfer des 2. Weltkriegs. Die prächtigen Fachwerkhäuser, die das Stadtbild dominierten und Hildesheim den Beinamen 'Nürnberg des Nordens' gaben, brannten nieder; nur wenige blieben verschont. Von Alt-Hildesheim blieben nur Erinnerungen - und Bilder.

Angeregt durch die 1979 einsetzende Diskussion um den neuen/alten Marktplatz, sucht B. Doht, der sich

„zur ersten Generation zählt, die Alt-Hildesheim nicht mehr gesehen hat", alle Bilder und Drucke des historischen Stadtkerns zu sammeln und zu erschließen. Große Bedeutung haben dabei Fotos, die direkt Zeugnis von der Architektur Alt-Hildesheims geben. Sie sind nicht nur selten, sondern auch kunstgeschichtlich wichtig, finden sich auf ihnen doch Belege, daß es wirklich einen eigenen Hildesheimer Baustil gegeben hat.

Diese bisher in der Literatur nur vereinzelt aufgestellte These (etwa von R. Schulte, W. Achilles) vermag Doht anhand seiner inzwischen ca. 5.000 Fotos und Bildpostkarten zu belegen und zu konkretisieren. Er macht den besonderen Hildesheimer Baustil an der Gestaltung der Füllbretter fest, die als Bilderfries mit zumeist allegorischen oder alttestamentarischen Darstellungen die Gefache unter den Fenstern ausfüllten (s. Wedekindhaus, Werner'sches Haus) und vermag dieses Hildesheimer Fachwerk stilgeschichtlich als mixtum compositum von Elementen der späten Weser-Renaissance und dem Fachwerkhaus der nördlichen Harzvorlande zu bestimmen: Von diesem hat es die Konstruktion, von jener den Schmuck.

Seine 5.000 Architekturfotos bewahrt B. Doht in 40 Alben auf. Die Ordnung der Fotos folgt dabei keinem äußerlichen Prinzip, etwa Alter, Gebäudetyp, Architektur-Detail, sondern der historischen topographischen Wirklichkeit. Doht vermag mit seinen Bildern einen minutiösen Spaziergang durch Alt-Hildesheim zu absolvieren, so daß er heute „sich in der alten Stadt besser auskennt, als die, die sie noch kannten". Beim Durchblättern ist es faszinierend, etwa den Hohen Weg entlangzugehen, hier ein Schmuckdetail wahrzunehmen, dort in einen Hof zu schauen, um dann, vor Nr. 7 stehend, gleichsam eine Zeitreise zu machen und das Haus in verschiedenen Zuständen zu erleben.

Einen Großteil der Abbildungen hat Doht bei Auktionen, Sammler-Börsen und auf Flohmärkten erworben, aber auch in Archiven der Landesdenkmalpflege und bei Foto-Marburg, dem größten einschlägigen Fotoarchiv, durch Nachfotos beschafft. Unverzichtbar sind naturgemäß auch die Bestände des Stadtarchivs Hildesheim, wobei es hier noch einen besonderen Schatz zu heben gilt: den Nachlaß Wilhelm Boedekers, des ersten Hildesheimer Fotografen, der in großem Stil Fotos von Alt-Hildesheim machte. Dessen aus den Jahrzehnten vor und nach der Jahrhundertwende stammenden Glasnegative gilt es zu sichten und zum Teil

auch noch zu identifizieren. Vor allem aber gilt es, von den fragilen, zum Teil zerstörten Glasplatten Negative herzustellen, um auf diese Weise den Bilder-Fundus für Dritte verfügbar zu machen.

Leider gibt es nur wenige Fotos aus Alt-Hildesheim vor 1870, aus einer Zeit also, in der noch kaum bauliche Veränderungen vorgenommen waren. Auch die Zahl der sonstigen Abbildungen (Kupferstiche, Litographien, Pläne und Gesamtansichten), die den Zustand vor 1870 wahrheitsnah wiedergeben könnten und die von Doht ebenfalls gesammelt werden, ist im Vergleich zu anderen Städten auffällig gering. Umso mehr freut es den Sammler, wenn es gelingt, einen kolorierten Kupferstich aus dem späten 18. Jahrhundert zu erwerben, der in der einschlägigen Hildesheim-Literatur bisher nicht publiziert wurde. (Abb. s. Umschlag)

Die Erinnerung an Alt-Hildesheim wird nicht nur durch Bilder bewahrt. Stadtführer, Reiseführer und Reisebeschreibungen, von denen Doht mehr als 100 verschiedene aus den Jahren 1753 bis 1945 besitzt, geben Auskunft über Besonderheiten und Attraktionen der alten Stadt. Vom Alltag in Hildesheim berichten Verordnungen des Rates und des bischöflichen Landesherrn sowie hunderte von Streitschriften, Maueranschlägen,

Steckbriefen, Theaterhandzetteln und anderen Gelegenheitsdrucken vornehmlich des 18. Jahrhunderts. Einzigartige Stücke im wörtlichen Sinne sind handgeschriebene Urkunden, von denen die älteste ein sogenannter Teil-Ablaß des Bischofs Otto I. von 1274 ist. Unikate sind naturgemäß auch Briefe und Schriftzeugnisse bedeutender Persönlichkeiten des Althildesheimer Lebens, wie von dem Historiker und Bibliothekar J. M. Kratz, dem Oberbürgermeister Struckmann oder dem nachmaligen Kardinal Bertram. Aus der umfangreichen Hildesheim-Literatur-Sammlung sticht u. a. die *Singende klingende Geographie* von Christoph Losius aus dem Jahre 1708, ein Erdkundekurs in Reimen des Direktors des Andreanums, ebenso hervor wie die teils lateinisch, teils deutsch verfaßte fünfbändige, 1713 - 25 erschienene, Literaturgeschichte von Jakob F. Reimmann. Das Werk des Hildesheimer Superintendenten und Lehrers am Andreanum ist eine der ersten umfassenden Arbeiten zur deutschen Literatur überhaupt; blieb aber leider weitgehend unbeachtet. So vermag in Dohts Sammlung nicht nur der Stadthistoriker, der sich etwa über einen bisher unbekannten Druck (z.B. einen Katechismus von Conrad Hoier, gedruckt in Hildesheim durch Andreas Hantzsch, 1601) freuen kann, sondern auch

der Fachwissenschaftler Entdeckungen zu machen. Doht ist ein Sammler von Kindesbeinen an. „Solange ich denken kann, habe ich Dinge aufgehoben und habe sie systematisiert." Der Nachsatz ist wichtig, macht doch erst die möglichst selbst entworfene Systematik aus dem Jäger einen echten Sammler. Doht: „Die Sy-

stematik dominiert das Sammeln. Der rote Faden bestimmt die Sammlung, ist er gefunden, gelingt auch sie."

Aus den unterschiedlichen Möglichkeiten, eine Sammlung systematisch anzulegen, die Doht in seinem Sammlerleben bisher verwirklicht hat, läßt sich so etwas wie eine Sammlerbiographie entwickeln. Als Kind sammelte Doht vorzugsweise Serien, z.B. die *Käpt'n-Kopp*-Comic-Streifen aus der *Hildesheimer Presse*, bei denen die Systematik durch die Seriennummer von jedem einzelnen Objekt mitgebracht wird. Ähnliches galt für zahlreiche Serien von Reklamebildern, wie es sie in den 50er Jahren vorzugsweise bei bestimmten Margarinesorten noch gab. Bei Briefmarken war dann der Katalog eine Hilfe beim Zuordnen der Einzelstücke; bei Bierdeckeln, Zündholzschachteletiketten und Apfelsineneinwickelpapier ergab sich ein Ordnungsprinzip nach unterschiedlichen Regionen bzw. Herkunftsländern.

Wirklich ernsthaft sammele er - so Doht - daher erst ab 1965, als er während seines ersten Universitätssemesters begann, Schreibmaschinen zu sammeln. In den nächsten sieben Jahren brachte er eine museumsreife 80 Stücke umfassende Kollektion zusammen, in der alle wesentlichen Entwicklungsstadien und Erfindungen von mechanischen Schreibhilfen vertreten waren, die es vor der ab 1898 gebräuchlichen Typenhebelmaschine gab.

Glanzstück dieser Sammlung war eine Gundka, eine Typenwalzenmaschine mit nur einer einzigen Taste, die er 1970 auf der Hochzeitsreise von seiner Frau geschenkt bekam. Als für ihn die Sammlung von der Technik und Systematik her vollständig war, verkaufte er die Kollektion en bloc, um sich bald darauf mit Elektrisierapparaten ein neues Gebiet zu erschließen. Diese in der Medizintechnik seit Mitte des 18. Jahrhunderts bis in die 1930er Jahre gebräuchlichen Geräte weckten bei dem Mediziner, der inzwischen sein Studium abgeschlossen hatte, neben ihrem ästhetischen Reiz auch ein gewisses berufliches Interesse. Sammelnd erforschte Doht dieses nur ganz wenigen Medizinhistorikern vertraute Gebiet und brachte innerhalb der wiederum nächsten sieben Jahre 60 Stücke einschließlich der dazugehörenden Fachliteratur (Technische Anleitungen, Einsatzberichte, Medizinische Studien) zusammen. Es wiederholte sich der von den Schreibmaschinen vertraute Prozeß: mit der (fast) erreichten Vollständigkeit erlosch das Sammelinteresse. Daß sich dieser Vorgang

mit seiner Sammlung *Alt-Hildesheim in Bilder und Drucken*
wiederholen könnte, glaubt Doht nicht. Zu komplex sei
das Sammelgebiet und vor allem gelte: „Als Alt-Hil-
desheimer verliert man nie das Interesse an seiner Va-
terstadt."

Kerstin Döring

Hirte, Jäger und Sammler

Fragt man Professor S. nach seinem Sammelgebiet, so antwortet er: „Alles und Nichts. Angefangen habe ich mit Dingen, die mir einfach gefallen haben, kuriosen Dingen: ein Tagebuch mit schönen Skizzen, ein geschmiedetes Teil. Zwischen mir und dem Gegenstand muß sich eine Beziehung herstellen, ich lasse mich von Stimmungen lenken."

So entstand ein Sammelsurium zusammengetragener Objekte, in dem sich jedoch auch einige konkrete Sammlungen ausmachen lassen: Hobel, Nußknacker, Küchengeräte, Spazierstöcke, Hämmer und Mandelmühlen finden sich jeweils in dreistelliger Anzahl.

Zu einigen gibt es biographische Bezüge: „Mit den Mandelmühlen habe ich mir ein Stück Kindheit wiedergeholt. Meine Mutter hatte früher eine, mit der durfte ich spielen und beim Backen helfen." Lange bekam Professor S. dann keine Mandelmühle mehr zu Gesicht, bis er Jahre später auf einem Kinderflohmarkt ein Exemplar entdeckte. Zu den Erinnerungen kam, daß er von der Schönheit des Gerätes begeistert war. Im Laufe der Zeit fand er dann immer mehr, völlig unterschiedliche,

oder nur im Detail variierende. Inzwischen besitzt er so viele, daß er sich nicht alle genau merken kann. Im Zweifelsfall kauft er lieber eine Mandelmühle doppelt, ehe ihm eine entgeht. Dennoch sammelt S. nicht auf Vollständigkeit. Er weiß, daß Vollständigkeit ein unerreichbares Ideal ist. Wenn ein Gerät nicht funktioniert und er es nicht selbst reparieren kann, läßt er es liegen.

Er hat keinen Kontakt zu anderen Sammlern, außer zu Freunden, die zufällig sein Interesse teilen, er sucht für sich allein: „Der Mensch ist Hirte, Jäger und Sammler."

S. bezeichnet sich selbst als „Sammler ohne Grenzen

und Limits. Wenn ein Stück seinen Wert hat, dann zahle ich auch den Preis, z.B. für einen Spazierstock mit Silber- oder Elfenbeingriff."

Bei den Hämmern kommt es ihm auf die für die verschiedenen Handwerke typischen Variationen an. Auch Hölzer in Form von Längsschnitten mit Rinde sammelt

der Professor. Seit seiner Tischlerlehre interessiert er sich für Beschaffenheit und Herkunft jeglichen Gehölzes. Bei seiner Sandsammlung stand erst der Gedanke 'eine Hand voll Muttererde' im Vordergrund, hinzu kam die Begeisterung für Farbe und Körnigkeit.

Professor S. umgibt sich mit den Dingen, lebt mit ihnen, obwohl er nie alle offen in seinem Haus präsentieren kann. Schon jetzt sind es viel zu viele und er sammelt weiter: „Das ist der Sammeltrieb: Haben wollen, auch wenn man es nur in Kisten aufbewahren kann. Wenn man einmal angefangen hat, macht man immer weiter, man kann nicht aufhören."

Für S. ist das Sammeln ein wichtiger Bestandteil seines Lebens, auf den er in keinem Fall verzichtet. Daß manche seiner Mitmenschen für sein 'Chaos' wenig Verständnis zeigen, ist ihm egal.

„Im Prinzip ist das alles Luxus, es sind Dinge die man zum Leben nicht benötigt, die man nicht benutzt und trotzdem sind sie für mich wichtig, ich kann nicht ohne sie sein."

Katja Hartloff

Kulturhistorie in Zinn

Die Artillerie ist bereit zum Feuern. Elefanten und Ar-
tisten tummeln sich in einer Zirkusmanege. Kreuzzü-
ge: Ritter formieren sich auf ihren schwergepanzerten
Pferden. Die Hunnen fallen über ein Kloster her. Der
Opiumkrieg neigt sich seinem Ende zu. Eine Bäuerin
setzt an, ihr Feld zu bearbeiten. Kanonendonner: mäch-
tige Schiffe mit windgeblähten Segeln auf hoher See.
Vor einem Schloß steigen elegant gekleidete Damen
und Herren aus einer vornehmen barocken Kutsche.

Die Bilder aus der Geschichte sind bei Manfred Fürst
zu Hause in Zinn erstarrt. Etwa 4.000 bis 5.000 Zinnfiguren sind in einem eigens dafür reservierten Zimmer
zu originalgetreuen Szenerien arrangiert: Kulturhisto-
rie in Zinn.

Der von Sammlern und Museen nachgefragte Experte
Fürst vermag jede Frage zu seinem Sammelgebiet
prompt zu beantworten. Erstmals tauchten Zinnfiguren als Spielzeug in der Zeit von Kaiser Maximilian Anfang des 16. Jahrhunderts auf, erläutert er den historischen Kontext ihrer Entstehung. Ursprünglich dienten
sie dazu, den fürstlichen Kindern spielerisch militäri-

sche Strategien zu vermitteln und die Farben und Uni-
formen der Armeen einzuprägen. Mitte des 19. Jahrhunderts hielten die kleinen Zinnfiguren dann Einzug
in die Biedermeier-Kinderzimmer wohlhabender Bür-
ger. Nach dem ersten Weltkrieg ging die Beliebtheit der
zumeist militärischen Zinnfiguren verständlicherweise

zurück und sie konnten sie bis heute nicht mehr im gleichen Umfang wiedererlangen.

Zur Herstellung von Zinnfiguren wird die gewünschte Form in Millimeterarbeit beidseitig in Schiefer gestochen. „Wahres Kunsthandwerk", betont Fürst. „In die fertig gravierte Form wird durch bestimmte Bohrlöcher

eine Mischung aus Zinn und einem härteren Metall gegossen, binnen Sekunden ist der Rohling dann erkaltet und soweit fertig. Nur die Grate müssen dann noch entfernt werden." Besteht erst einmal eine Form, ist die Zinnfigur beliebig reproduzierbar. Die Abgüsse der ersten Generation, die sich durch besonders feine Konturen auszeichnen, werden als Originale gehandelt und erzielen auf Antiquitätenmessen dementsprechend hohe Preise.

Als Kind bewunderte Manfred Fürst in den 40er Jahren die Zinnfigurenausstellung eines Marinemalers in Laboe (Schleswig-Holstein) und kaufte sich daraufhin seine erste Figur. Der 62jährige Textilkaufmann interessiert sich heute vor allem für die Kostüme der verschiedenen geschichtlichen Epochen und ihren historischen Zusammenhang. Früher bemalte er selbst akribisch genau mit feinsten Pinseln die kleinen Rohlinge - „drei bis vier Tage für eine Figur waren da normal", erinnert sich Manfred Fürst. Mittlerweile beschränkt er sich wegen seiner schwächer werdenden Augen darauf, exakt recherchierte Bemalungsanweisungen für Sammlerfreunde zu verfassen, die den Figuren dann den passenden farblichen Anstrich verleihen. Fürst arbeitet geradezu detailbesessen; so machte er eigens Fotos von alten Gemälden in französischen Schlössern, die er als Vorlage für die Bemalung benutzt.

Er hat alle seine Figuren fotografisch dokumentiert. Einige sind in dem Buch *Weltgeschichte in Zinn* (Bertelsmann) abgebildet. Da er für „Spitzenbemalung" bekannt ist, erhält er Anfragen von anderen Liebhabern und nimmt auch immer wieder an Ausstellungen teil.

„Ich träume von einer komplett bezinnten Wand, ja, das werde ich im neuen Haus machen." Eine ganze Wand voll mit bunten, zinnigen, kriegerischen, nostalgischen, fragmentarischen Szenen aus einer vergangenen Welt.

Kerstin Döring

Schwärmerei

Alle meine Entchen

Beim ersten Hildesheimer Entenrennen im September 1998 war Eveline Rabius natürlich mit drei kleinen gelben Plastikenten dabei. Auch wenn keine von ihnen als Gewinner ins Ziel schwamm, hatte sie viel Spaß. Und aus Spaß an der Freude teilt Eveline Rabius ihr Haus mit den unzähligen Enten ihrer Sammlung. Die verschiedensten Entenfiguren stehen dicht aneinander gedrängt, viele so einander zugewandt, als ob sie sich gerade unterhalten würden. Man kann das Geschnatter fast im Raum hören. „Ich achte schon darauf, daß ich die Enten so aufstelle, daß sie etwas mit ihrer Nachbarente zu tun haben, nicht jede für sich allein steht, sondern sie sich zu einem Gesamtbild zusammenfügen."

Eveline Rabius trägt zwei winzige Entchen am Ohr, und manchmal entdeckt man auch eine Ente auf ihrer Kleidung. In einem Album, dessen Pflege eines ihrer Hobbies ist, dokumentiert sie mit Fotos ihre Entenerlebnisse und klebt dazu Enten-Schlagzeilen aus Zeitungen ein. Manchmal gestaltet sie ihre Enten auch selbst, indem sie sich von ihrem Lieblingstier Bilder stickt.

Wie alles angefangen hat? „Im Unterbewußtsein muß diese Entenliebe schon ein Weilchen geschlummert haben. Als ich 1975 länger im Krankenhaus lag, hatte ich geträumt, daß bei uns zu Hause eine Ente auf der Gardinenstange sitzt. Von diesem Traum erzählte ich meiner Mutter, und als ich nach sechs Monaten nach Hause kam, saß wirklich eine kleine rote Plastikente auf der Gardinenstange - dies war die erste Ente."

Daß sie der Grundstein für eine heute mehr als tausend Stücke umfassende Entensammlung sein sollte, hätte sich Eveline Rabius damals nicht vorstellen können. Erst nach 15 Jahren brachte sie ein Wasserrohrbruch im Jahr 1990 den Enten wieder näher. Bei der notwendigen Renovierung wurde in der Toilette eine Tapete mit Entenmotiv verwendet. Sie erinnerte sich ihrer kleinen roten Plastikente, die nun wunderbar zur Tapete paßte. da kam ihr die Idee, auch die restliche Einrichtung entenmäßig auf die Tapete abzustimmen. Zuerst kamen Gebrauchsgegenstände wie ein Entenklopapierhalter, ein Ententoilettendeckelbezug, eine Entenklobürstenhalterung, ein Entenlampenschirm, ein Entenseifenspender, ein Entenzahnbürstenhalter, ein Entenzahnputzbecher und mehrere Entenhandtücher dazu, bis die Einrichtung vollständig war. Weil sie aber noch Lust auf andere originelle Enten hatte, flogen immer mehr in die Rabiussche Toilette ein. „Die ersten zwei Jahre habe ich mir vorgenommen, die Enten auf diesen Ort zu beschränken. Doch davon ist heute nicht mehr viel zu bemerken." Bald schon mußte ihr Mann für die tierischen Mitbewohner die ersten Regalbretter einbauen, um allen einen Platz geben zu können.

In Geschäften und auf Flohmärkten stieß sie auf immer neue Entenformen. Die Sammlerin betont, daß sie nicht jede Ente haben muß. Gefallen soll sie und Pfiff muß sie haben. Ihr neuester Erwerb ist ein Haarfön in Entengestalt.

Ihre Mitmenschen wußten bald, daß für Eveline Rabius eine Ente ein sicheres Geschenk ist. „Ich finde es

schön und aufmerksam, wenn meine Freunde und Bekannten an mich und meine Sammelleidenschaft denken." Wie die Karnickel vermehrten sich die Enten und überschwemmen jetzt fast das ganze Haus. Da sich Eveline Rabius von keiner ihrer Enten trennen kann, behält sie auch doppelte Exemplare und tauscht nicht, zumal sie andere Entensammler nicht kennt. Freimütig erklärt sie, daß sich unter ihre Enten ein paar Gänse und Küken geschlichen haben, die aber von ihr (und den Enten) bereitwillig akzeptiert und in die Sammlung aufgenommen wurden.

Bleibt noch zu erwähnen, daß Eveline Rabius auch eine beachtliche Milchkännchensammlung besitzt, darunter natürlich, nicht zu missen, einige mit Entenmotiv.

Dorle Voigt

Den Mond zu Füßen

Conny Ehlerts Sammelleidenschaft ahnt der Besucher schon vor dem Betreten des Hauses, beim Betrachten des Namensschildes, des Fußabtreters und der Gardinen: überall Monde. Besonders in einem Zimmer wird das optische Fassungsvermögen des Betrachters auf die Probe gestellt. Hier befindet sich in Vitrinen und Setzkästen, verteilt über die Wände und sogar an der Decke des Raumes der größte Teil der Sammlung. Ihre Familie hatte beim Umzug vor einigen Jahren darauf bestanden, daß die Sammlung auf einen Raum beschränkt bleibt. Trotzdem breitet sie sich schleichend wieder über das ganze Haus aus, da das sogenannte „Mondzimmer" inzwischen überfüllt ist.

Conny Ehlert sammelt Monde, genauer: Figuren und Bilder sichelförmiger Monde. Ob diese gerade im Zu- oder Abnehmen sind, spielt keine Rolle, nur ein Vollmond darf es nicht sein. Die Sichel gefällt ihr einfach besser und bietet auch mehr Variationsmöglichkeiten. Dies beweist ihre Sammlung, in der sich auf den Sicheln Kühe, Kätzchen, kleine Zwerge und auch Schweine tummeln, eben was die Geschenk- und Dekorationsproduktion auf den Markt bringt.

Entwickelt hat sich ihr Sammeltrieb 1983, als die Squaredance-Gruppe, in der sie heute noch aktiv an Schautänzen und Turnieren teilnimmt, ein Emblem suchte. Die Gruppe entschied sich damals für einen Mond und eine Wolke. Conny Ehlert gefiel dieses Motiv so gut, daß sie eine Kollegin bat, ihr eine Stickerei

kissen, Vorhänge, Bettwäsche. Auch in ihrer Kleidung taucht das Motiv auf. Gerne trägt sie Sweatshirts mit Mondaufdruck, eine Jeansjacke, die sie extra mit einem Mond bemalen ließ und, eines ihrer Lieblingsstücke: ein Paar Ohrringe mit Mond Hologramm.

Einen Wunsch hat sie trotzdem noch: Einen Mondteppich. Denn: „Das wäre doch schön, den Mond zu Füßen."

Suchen muß sie ihre Sammlungsgegenstände nicht. Sie begegnet ihnen überall, viele ihrer Stücke hat sie sogar aus einem Amerikaurlaub mitgebracht. Aber Conny Ehlert kauft nur die, die sie ansprechen. Ihr geht es „nicht ums Kaufen, sondern ums Gefallen". Kommt sie in eine fremde Stadt, geht sie zuerst in alle „Kramläden" um sich einen Überblick zu verschaffen, ob es dort etwas Neues für ihre Sammlung gibt. Flohmärkte besucht sie nur selten, das Angebot ist so groß, daß sie nicht stöbern muß. Auch Familie und Freunde tragen mit vielen Geschenken zum stetigen Anwachsen der Sammlung bei. Obwohl ihr Mann über die Fülle der Objekte immer wieder den Kopf schüttelt, stammen einige auch von ihm - unter anderem eine liebevoll selbst gefertigte Lampe mit aufgeschweißtem sichelförmigen Mond.

anzufertigen. Dieses erste Stück begründete die Sammlung von inzwischen mehr als 500 Monden. Sie lebt mit ihrer Sammlung, umgibt sich überall mit Monden. Neben Figürchen für den Setzkasten, Weihnachtsartikeln, Mobiles und Spieluhren hat sie auch viele Gebrauchsgegenstände. Sie benutzt Geschirr mit Monden, Sofa-

Eigentlich glaube sie nicht, daß sich jemand dafür interessiert, was sie für ein „Zeug" sammelt, erklärt Conny Ehlert. Doch stolz präsentiert sie ihre Neuerwerbungen, und es gefällt ihr, daß jetzt einige ihrer Stücke ausgestellt werden.

Überraschenderweise interessiert sich die Sammlerin nicht für die esoterische Seite ihres Sammelgebietes, obwohl man dies wegen des derzeitigen „Mond-Boomes" vermuten könnte.
Sie beschäftigt sich nicht mit der kulturgeschichtlichen Bedeutung des Mondes, liest auch keines der populären Bücher zum Thema, die etwa *Vom richtigen Zeitpunkt* zum Säen, Ernten und Haareschneiden sprechen.
Ein Mondbuch hat ihre Tochter ihr zwar geschenkt, aber begeistern konnte es die Sammlerin nicht. Es waren ihr zu wenig Abbildungen darin, denn der Mond bedeutet ihr nur als figürliche Darstellung etwas.
Auch wenn Conny Ehlert betont, sich beim Monde-Sammeln in Zukunft einschränken zu wollen, und sie das finanzielle Limit, das sie sich für Stücke mit entsprechendem Gebrauchswert bei 150 - 200 DM gesetzt hat, nicht überschreiten will, macht sie doch immer wieder Ausnahmen. Und selbst wenn sie sich einmal dazu entschließen sollte, keine neuen Dinge dazuzukaufen, worüber ihr Mann ungläubig lächelt, steht eines fest: „Die Sammlung bleibt", eine Auflösung wird es niemals geben.

Sonja Zimmer

ABC der Elefanten

Wer die Wohnung von Kerstin Grebe betritt, muß nicht lange darüber nachdenken, welchem Tier die besondere Sympathie gilt. Eine überwältigende Fülle unterschiedlichster Elefanten ist in wahrhaft *allen* Räumen

zu finden, kaum ein Gegenstand, der nicht „elefantös" ist.

Von „A" wie Abtreter, Armband, Anhänger über Bettwäsche, Bierdose, Badgarnitur, Badeperlen, Buchstützen, Briefmarken, Broschen, Blumenübertöpfen, Blumenhocker, Duschvorhang, Einwegbecher, Flaschenöffner, Fensterbild, Frühstücksset und Frühstücksbrett, Gardine, Handtüchern, Handpuppe, Kissenbezug, Kerzenhalter, Kinderspielzeug, Lampe, Likörflaschen, Massageroller, Nickituch, Nachtlicht, Öllampe, Ohrringe, *Ottifant,* Pfeffer- und Salzstreuer, Ringe, Socken, Schlüsselbord und Schlüsselanhänger, Servietten, Stempel, Seifenschale und Seifenspender, Seife, Streichholzschachteln, Trinkbechern und Trinkgläsern, Tischtuchgewichten, Teedosen, Tuchhalter, T-Shirt, Überraschungseier, Wandschmuck, Windmühle bis hin zu „Z" wie Zettelkasten und Zuckerlöffel ist alles als Elefant gestaltet oder mit Elefanten verziert.

Das Überraschende: diese unzähligen Dickhäuter fügen sich harmonisch und geschmackvoll in die Wohnungseinrichtung ein. Man hat nicht das Gefühl, von Elefanten erdrückt zu werden, sondern kann, wenn man mit Muße durch die geräumige Wohnung geht, immer mal wieder einen Elefanten unterschiedlichster Größe, Form, Farbe und Beschaffenheit entdecken.

Fast ebenso vielfältig wie die Funktion der Elefanten ist das Material, aus dem sie bestehen: Gummi, Keramik, Papier, Pappmache, Holz, Glas, Porzellan, Steingut, Blech, Silber, Gold, Stoff, Leder, Jade, Wachs, Gußeisen, Rohr, Plastik, Plüsch - auch in dieser Beziehung kennt die Phantasie der Hersteller keine Grenzen.

Besonders kostbar ist der Sammlerin eine handgeschnitzte Elefantenbrücke aus Eichenholz: Neun unterschiedlich große indische Elefanten schreiten majestätisch über eine Brücke. Leider wußte der Händler auf dem Flohmarkt an der Lambertikirche nichts Näheres über Alter, Herkunft und Bedeutung dieser Antiquität.

Ein wichtiger Schwerpunkt ist für die Buchhändlerin Kerstin Grebe die Darstellung, Beschreibung und Abbildung von Elefanten in Bilderbüchern, Sachbüchern, Romanen und Bildbänden. Sie hat zum Leben der afrikanischen und indischen Elefanten und zu ihrer kulturellen Bedeutung ein beeindruckendes Wissen zusammen getragen.

Kerstin Grebe lebt mit ihren Elefanten, viele haben einen Namen. Seit zwölf Jahren sammelt sie. Zunächst hat sie die Elefanten selbst gekauft, auf Flohmärkten gestöbert, auf Reisen Ausschau gehalten. Dann sprach

sich ihre Sammelleidenschaft herum und sie wurde und
wird noch immer von Verwandten, Freundinnen und
Freunden und Kolleginnen beschenkt. Noch ist Platz
in der Wohnung.

Gudrun Wille

670 und 1 Hahn

Wie Hähne es zu tun pflegen, hocken auch die aus der Sammlung von Ernst August Tolle auf Stangen. Leider können sie sich nicht festkrallen, wie ihre natürlichen Artgenossen. So kam, was kommen mußte. Mit einem großen Knall stürzten einige der Hähne von ihrem Fensterplatz in die Tiefe und zerbrachen in tausend Teile. Da blieb Ernst August Tolle nichts anderes übrig, als in seinem Katalog die kaputten und nicht mehr reparierbaren Hähne mit einem roten Kreuz zu versehen. „Eigentlich ist es gar nicht meine Sammlung", sagt der 78jährige Sammler, „sondern die meiner ersten Frau. Ich habe sie nach deren Tod nur weitergeführt." Zu diesem Zeitpunkt waren es schon über 400 Gockel.

Mitte der 60er Jahre hatte seine Frau in einer Zeitschrift einen Artikel über die für Portugal typischen Keramikhähne gelesen. Ihr fiel kurz darauf eines dieser Exemplare ins Auge. Sie konnte nicht widerstehen und kaufte es.

Dieses Stück gesellte sich zu dem „Urhahn" der Sammlung, einem mit Bast umwickelten Drahthahn, den sie aus der ehemaligen DDR bekommen hatte.

Als schließlich eine Handvoll Hähne in dem Regal standen, galt seine Frau im Freundes- und Bekanntenkreis als Sammlerin.

Von da an brachten Bekannte von ihren Reisen immer wieder Hähne mit. Aber auch das Ehepaar suchte nach neuen Stücken. Die Neulinge wurden mit Foto, Herkunftsland, Maßen und den Angaben, von wem und

gilt. Doch ein Land fehlt ihm noch - der größte Wunsch für die Sammlung ist ein Hahn aus Australien.

Carolin Ferres

wann sie kamen, in einen Katalog aufgenommen. Inzwischen gibt es Hähne aus verschiedenen Materialien, aber auch „Zweckhähne": Spardosen, Flaschenöffner, Korkenzieher, Wandhaken, Blumenvasen, Likörflaschen und Kerzenhalter - diese Stücke werden aber nicht benutzt. Manche Gebrauchsgegenstände wie die zwei Kaffeeservice mit Hahnendekor, Aschenbecher, Brieföffner, Dosen und vieles weitere werden täglich im Haushalt verwendet.

In seiner Sammlung findet man nicht nur Stücke aus Europa, sondern aus fast allen Ländern der Erde, da der Hahn in vielen Kulturen als Fruchtbarkeitssymbol

Tafelfreuden

Lirum Larum

Die Löffel sind im Prahlhans. Aha, und was ist das bitte? Im hohen Norden in den Bauernhäusern ein Schrank, in dem die Familie ihre guten Stücke zur Schau stellt. So einen hat Margerete Gronau für ihre Löffel gebaut. Bei einer Wohnungsauflösung erstand sie einen alten Vitrinenschrank, versah dessen Rückwand mit eingesägten Leisten, und nun steht er da, der Prahlhans, von dessen Wänden milde ein Teil ihrer Löffelsammlung blinkt.

Ein anderer Teil befindet sich mit dem Gebrauchsbe-

steck in einer Schublade, die man als den Ursprungsort der Sammlung bezeichnen kann. Der erste Silberlöffel - das Geburtstagsgeschenk einer Freundin aus deren alten Familienbeständen - blieb dort lange unbeachtet als einziger „Exot unter all dem WMF-Besteck" liegen. Margarete Gronau fand aber mit der Zeit Gefallen an diesem Geschichtenerzähler, der ganz anders war als all die spülmaschinenfesten Langweiler. Heute besitzt sie eine beachtliche Sammlung von Silberlöffeln, die aber auch besondere Stücke aus anderen Materialien enthält.

Auf Flohmärkten, bei Trödlern und auf Reisen geht sie auf die Suche nach Löffeln mit Vergangenheit. Je abgenagter, vermackter und krummer, desto besser, denn daran sieht man, daß der Löffel viel zu erzählen hat. Eines ihrer Lieblingsstücke ist ein silberner Kartoffellöffel, von dem sie weiß, daß dieses alte Erbstück jahrzehntelang den Sonntagstisch einer Freundin zierte. Daneben gibt es Silberlöffel in allen erdenklichen Formen - vom Biedermeier bis heute; aber auch Löffel, deren Laffen aus Muscheln gefertigt sind, kleine Glaslöffel, Hornlöffel und Stücke wie den durchlöcherten, sandverklebten Aluminium-Löffel mit abgebrochenem Stil, der gerade an ihrem sechzigsten Geburtstag auf Kreta an einem Strand landete.

Besonders lieb sind Margarete Gronau Kinderlöffel.
Manche sind rechtwinklig gebogen, um den noch Un-
geübten das Löffeln - eine oft unterschätzte Kunst - zu
erleichtern. Auch Exemplare, die durch einen eingra-
vierten Namen von früheren Besitzern zeugen, stimu-
lieren die Vorstellungskraft der Sammlerin.

Durch den ersten Fremdling im Schub angeregt, sammelt Margarete Gronau nun schon seit fünfzehn Jahren Löffel. Eine Weile beschäftigte sie sich auch mit
Punzzeichen, den Silbermarken, die Alter und Wert eines Löffels belegen. Doch sie kehrte Bewertung und
systematischer Einordnung schnell wieder den Rücken
zu - eigentlich interessieren sie vor allem die Schönheit
der Utensilien und deren meist unbekanntes Vorleben;
denn die Löffel kann man anfassen, die Spuren sind in
sie eingegraben und bleiben: Zeugen eines Lebens - unscheinbar aber beredt.

Julia Linder

Schwierigkeiten mit T, drei E und einem I

Vor gut 20 Jahren hing es noch in vielen Küchen und Teekannen. Heute haben praktische, geschmacksneutrale, kompostierbare Einmalfilter aus Zellstoff das Teei abgelöst.

Alles viel besser: Filtertüte in den Halter klemmen, Tee rein, Wasser drauf, ziehen lassen, Teebeutel rausnehmen, ausklinken und ab in den Biomüll.

Nicht mehr: das Teei aufschrauben oder aufklemmen, Tee einfüllen, wobei womöglich die Hälfte daneben geht, das Teei in die Kanne hängen, ziehen lassen, das

Ding wieder rausholen, aufschrauben, den aufgequollenen Tee rauspulen, vor allem aus den kleinen Löchern, wobei womöglich wieder was daneben geht, und dann auch noch ausspülen. Und dabei kann sich nicht einmal das Aroma richtig entfalten.

Kein Wunder, daß niemand mehr ein Teei benutzt. Als Gebrauchsgegenstand ist es beinahe ausgestorben. Auch darüber schreiben kann man seit der Rechtschreibreform nur mit Mühe, und jedenfalls nicht, ohne es lächerlich zu machen. Denn wer möchte schon so ein Wort lesen: Teeei - mit T, drei E und einem I.

Und mit diesem Wort hat es ja noch andere Schwierigkeiten. Denn es beschreibt eine Form, die das Teei eigentlich nicht hat. Zumindest nicht immer. Das wird offensichtlich, wenn man die Sammlung von Mechthild Wolf aus Hildesheim betrachtet.

In ihrer Eßdiele hängen, stehen und liegen in zwei Vitrinen beinahe 80 Stück dieser aussterbenden Gattung. Die wenigsten davon sind eiförmig. Sie kommen in ganz anderen Formen daher, als Tasse, Glocke, Kugel, Muschel, Würfel, Mond, Teddy, Kessel oder sehr gern auch als Teekännchen. Eins sieht sogar aus wie ein benutzter Golfball. Es ist selbstgetöpfert, ein Geschenk von einer Studentin aus Cambridge, extra für die kleine Tassenportion. Das Lieblingsstück der Sammlerin, auch wenn es neben den glänzenden, industriell gefertigten Teeiern eher unscheinbar wirkt. Dafür ist es garantiert einzigartig auf der Welt.

Frau Wolf sammelt seit 16 Jahren diese seltsamen Dinger mit dem unzutreffenden Namen. Damals bekam sie ein Teei geschenkt, das in keine ihrer Teekannen paßte. Kurz darauf kam noch eins dazu - es machte dieselben Probleme, aber weil die beiden so nett aussahen und man Geschenke schließlich nicht wegwirft, nur weil man sie nicht benutzen kann, wurden sie aufgehoben und - damals noch der Küchenöffentlichkeit - präsentiert. Die Sammlung war eröffnet.

Inzwischen werden die Dampfmaschinenmodelle ihres Mannes im Eßzimmer von den Teeiern aus der Vitrine verdrängt. Es sind einige wertvolle antike Stücke darunter, aber auch einige aus Plastik, viele aus Porzellan, die meisten aus mehr oder minder edlem Metall. Es finden sich gewöhnliche und ungewöhnliche, benutzte und unbenutzte Teeier. Gesammelt wird alles, was Teei ist. Jedes kleine oder größere, durchlöcherte, an einer Kette befestigte Behältnis, das dazu dient, mit Tee gefüllt in eine Kanne gehängt zu werden, hat die gleichen Rechte. Keines ist zu benutzt, zu gewöhnlich oder zu billig,

um nicht in die Sammlung aufgenommen zu werden. Nur gleich aussehen sollen sie eben nicht, die Teeier. Und damit gibt's manchmal Probleme. Mechthild Wolf stöbert auf Flohmärkten und in Antiquitätengeschäften, sie bekommt auch Teeier geschenkt, als Urlaubsmitbringsel oder von der Schwiegermutter. Dabei kann es passieren, daß das Geschenk aus Japan genauso aussieht, wie das Stück, das sie im letzten Urlaub in Holland gekauft hat.

Die studierte Juristin, die nebenbei für die *Hildesheimer Allgemeine Zeitung* schreibt, sucht auch auf originellere Weise an weitere Stücke zu kommen, zum Beispiel durch eine Anzeige in der *ZEIT:* „Teeier von liebevoller Sammlerin gesucht." Der Erfolg jedoch war mäßig, sie erhielt nur eine Antwort. So beschränkt sich ihr Sammeln zunehmend durch die Seltenheit des Objekts. Teeier sind eben eine aussterbende Art.

Christine Raudies

Milchkännchen vom Biedermeier bis zum Jugendstil

Das erste Milchkännchen der Sammlung stammt von der Großmutter. Obwohl es keinen Henkel mehr hatte und angeschlagen war, stand das Kännchen aus Steingut bei den Eltern im Büfett - geschickt gedreht, so daß man den Schaden nicht sah. Für einige Jahre wurde ihm eine wichtige Funktion zugewiesen: Es diente als Spardose für die Schülerin Gerda, die jeden Tag bei der Kartoffelernte half und dafür 50 Pfennig erhielt. Als das Milchkännchen voll war, bekam Gerda 1951 vom selbst verdienten Geld einen Mantel gekauft. Später wurde das Milchkännchen der Grundstock einer beachtenswerten Sammlung von derzeit ca. 90 Stück.

1962 erwarb Gerda Eickmann in einem Göttinger Antiquitätengeschäft ein besonders schönes Milchkännchen von 1894 aus der *Königlichen Porzellan Manufaktur*, das heute, beim Wiederverkauf, gut das Zehnfache des damals Bezahlten brächte. Aber an ein Verkaufen ist nicht zu denken. Dieses Milchkännchen ist und bleibt ein Prunkstück der Sammlung, die im Flur des Eickmannschen Hauses Bewohner und Besucher erfreut.

Die Milchkännchen sind unterschiedlich groß. Das liegt daran, daß früher Kuhmilch in entsprechend portionierten Gefäßen zum Kaffee serviert wurde und später dann Kondensmilch in kleineren Kännchen. Hierdurch läßt sich übrigens das Alter eines Kaffeeservices abschätzen: Ist das Milchkännchen groß, handelt es sich vermutlich um ein Geschirr aus dem vorigen Jahrhundert.

Jedes Milchkännchen hat ein eigenes Dekor, selbst wenn es aus derselben Epoche stammt. Die Vielfalt der

Motive ist beachtlich: Florales findet sich neben Ornamentalem, ein silberfarbener Namenszug in Frakturschrift neben einem Relief. An der Qualität des Materials (Steingut, Gebrauchsporzellan, feines Tafelgeschirr), am unterschiedlichen Aufwand bei der Verzierung und an den Abnutzungsspuren lassen sich Rückschlüsse ziehen, ob ein Kännchen alltags benutzt wurde oder die festtägliche Kaffeetafel zierte.

Die Sammlerfreude erschöpft sich nicht beim Betrachten der liebevoll in Regalen aufgereihten Schmuckstücke: immer wieder einmal wird ein Milchkännchen in seiner

eigentlichen Funktion oder als Blumenvase benutzt und auf diese Weise gewürdigt.

Die Milchkännchen haben die Sammlerin indirekt zu einem weiteren Sammelgebiet geführt. Das Ehepaar Eickmann war zu einer Haushaltsauflösung gegangen. Mit dem Argument, „wenn Sie Porzellan sammeln, haben Sie sicher auch Interesse an einer Porzellanpuppe", führte die Hausherrin in den Keller. Dort lag - in einer alten Zinkwanne mehr aufgebahrt als aufbewahrt - eine Puppe mit völlig verfilzten Haaren und zerschlissenem Seidenkleid, das beim bloßen Berühren zerfiel. Ein Anblick zum Erschrecken. „Igittigitt", entfuhr es prompt Joachim Eickmann. Seine Frau, um den Fauxpas ihres Mannes gutzumachen, nahm das unglückselige Puppengeschöpf behutsam auf den Arm. Diese Geste gab den Ausschlag: „Ihnen möchte ich meine Puppe anvertrauen." Die Puppe wechselte für einen lächerlich geringen Betrag die Besitzerin, bekam für ein Mehrfaches des Kaufpreises eine neue Echthaarperücke und wurde standesgemäß mit selbstgenähten Kleidern ausgestattet.

Erst Jahre später erwachte dann eine wahre Puppensammelleidenschaft. Inzwischen ist die Sammlung auf

auf Vollständigkeit ist die Sammlerin aus. Es gibt vor allem zwei Kriterien: „Sie muß braune Augen haben, und ich muß sie schön finden."

Gudrun Wille

über 30 große und kleine, weiße und braune Puppen angewachsen.

Es sind nicht Markennamen, die Gerda Eickmann reizen - obwohl auch eine Schildkrötpuppe vertreten ist; nicht besonders teure oder alte Puppen locken sie auf Floh- und Antikmärkte und in Antiquitätenläden, nicht

Silberne Salzbehälter

1945 im März: Mit ihren kleinen Kindern an der Hand
verläßt Helga Boettcher ihr Haus in Riga. „Die Türen
blieben offen stehen - wozu hätte ich sie schließen sollen. Nichts haben wir mitnehmen können,"erinnert sich
die 86jährige. So bitter die Flucht damals war, schwingt
in diesen Worten keine Bitterkeit mehr mit. Dabei hat
Helga Boettcher, geb. von Pander viel zurückgelassen.
Aus einem alten baltischen Adelsgeschlecht stammend,
das bis ins 14. Jahrhundert zurückverfolgt werden kann,
war sie in einem großen Haus aufgewachsen. Beson-

ders im Winter, wenn die Arbeit auf den umfangreichen Ländereien ruhte, war das Leben im Elternhaus
von zahlreichen Festen und festlichen Essen bestimmt.
Verwandte und nahe Freunde, aber auch die Mitglieder
der deutschstämmigen und sich zum deutschen Kul-
turkreis zählenden (Ober-) Schicht trafen sich bei solchen - und anderen - Gelegenheiten, nicht zuletzt, um
dem Zusammengehörigkeitsgefühl Ausdruck zu verleihen: „Wer nach Westen geht, wird Kanadier, Fran-
zose, Amerikaner - wenn man nach Osten geht, bleibt
man Deutscher", erläutert die alte Dame den Besuchern
diese uns fernstehende gesellschaftliche Kultur. Der Erinnerung an dieses Vergangene, aber unvergessene Leben dient Helga Boettcher auch ihre Sammlung silberner Salzfässer. So wenig diese damals im täglichen Leben beachtet wurden, für die Sammlerin haben sie
symbolische Bedeutung bekommen, sind sie doch Ausdruck für die ganz andere (Eß-) Kultur ihrer baltischen
Heimat. Dort stand vor jedem Gedeck, bei den festlichen Anlässen allzumal, ein eigenes silbernes Salzfaß,
während sich im Westen immer mehrere Tischgenos-
sen eines teilen müssen.
Zu sammeln begann sie, als ihre Kinder, die in Wolfs-
burg aufgewachsen sind, groß waren „und wir wieder

genug Geld hatten, um uns schöne Dinge zu kaufen, an denen wir uns erfreuen können". Die Sammlerin, die mit ihrem Mann schon immer gerne Touren gemacht hatte - nach dem Krieg zunächst mit dem Fahrrad, dann mit dem Motorrad und schließlich mit dem Auto - brachte die meisten Stücke von ihren Reisen mit. Ihr erstes erwarb sie 1972 in British Columbia (Kanada) während eines Besuches bei ihrem Bruder. Ein zweites fand sie in Brügge. Sie erinnert sich noch, daß es sehr stark verschmutzt in dem Schaufenster eines Trödelladens stand, und sie es im Hotel gleich putzte. Mit der Zeit hat sie ihr „Auge soweit entwickelt", daß sie schon beim Vorbeigehen bei einem Antiquitätenhändler ein Salzfaß aus Dutzenden anderer kleinerer Objekte heraussieht. Einige Male hat sie auf Auktionen mitgeboten, konnte aber noch nie etwas ersteigern. Manchmal bekommt sie auch von ihrem Mann zum Geburtstag oder zu Weihnachten ein Salzfaß: „Wir stehen dann immer so vor einem schönen Salzfaß und ich sage zu meinem Mann, daß es mir gefällt, aber daß ich es nicht unbedingt haben muß. Und zu Weihnachten ist es dann auf einmal da."

58 kleine silberne Salzbehälter, Schälchen, Eimerchen, Kelche und Salzstreuer, manche mit zierlichen Füßen,

sind inzwischen zusammengekommen. Sie werden in einer Glasvitrine, dichtgedrängt nebeneinander stehend aufbewahrt. In vielen liegt ein passender graziöser Löffel. Feine Muster und Reliefs zieren manches Stück und ermöglichen die Zuordnung zu kunstgeschichtlichen Stilen: Queen Anne, Louis Philip, Biedermeier. Für Helga Boettcher sind die Salzbehälter Sammlungs- und Gebrauchsgegenstände zugleich. Die Salzfässer werden bei zahlreichen Familienfeiern in ihrer ursprünglichen Funktion, Salz aufzubewahren und zur Verfügung zu stellen, benutzt. Deshalb hat jeder Behälter eine Glaseinlage, um das Silber vor dem Salz zu schützen. Auf einer weißen Tischdecke hat dann jeder Gast sein ganz persönliches Salzfäßchen vor sich stehen. Und damit lebt die baltische Familientradition - das eigentliche Sammelmotiv - wieder auf. Früher hatten die Salzfässer sogar noch einen ganz anderen Gebrauchswert, denn sie wurden von ihren Enkelkindern als Spielzeug benutzt.

Heute findet es Helga Boettcher schwer, Salzfässer zu finden, die sie nicht schon hat oder die den ihrigen nicht zu ähnlich sind. Zuweilen war sie schon nahe daran, ein modernes zu kaufen, wenn diese Designerstücke nicht zu teuer wären. Deshalb kommen nur noch sehr selten neue Stücke zu ihrer Sammlung hinzu; eher verlässt eines die Sammlung, da Helga Boettcher manchmal ein Salzfäßchen einem lieben Verwandten zum Geschenk macht.

Dorle Voigt

Literaturverzeichnis

Zusammengestellt von *Kerstin Döring* und *Christine Raudies*

Jean Baudrillard (1997)
Die Sammlung. In: J. B., Das System der Dinge. Über unser Verhältnis zu den alltäglichen Gegenständen? Aus dem Französischen v. J. Garzuly.- Frankfurt/ M: Campus, S.110-138

Walter Benjamin (1983)
H (Der Sammler). In: W. B., Das Passagen-Werk. Aufzeichnungen und Materialien, hrsg. v. Rolf Tiedemann, I, S. 269-280 (= Edition Suhrkamp N. F. 200)

Walter Benjamin (1980)
Ich packe meine Bibliothek aus. Eine Rede über das Sammeln. In: W. B., Gesammelte Schriften, hrsg. v. Tillmann Rexroth, IV, 1, S. 388-396.- Frankfurt/M: Suhrkamp, (= Werkausgabe Bd. 10)

Walter Benjamin (1970)
Ernst Fuchs, Der Sammler und der Historiker. In: W. B., Das Kunstwerk im Zeitalter seiner technischen Reproduzierbarkeit.- Frankfurt: Suhrkamp, S. 95-157 (= Edition Suhrkamp 28)

Ludwig Bielschowsky (1972)
Der Büchersammler. Eine Anleitung.- Darmstadt: Ges. d. Bibliophilen

Helmut Bien (1997)
Sammler - Sammeln. In: Gottfried Fliedl u.a. (1997), S. 146-148

Matthias Bleyl (1991)
Sammeln. Eine Ausstellung zur Geschichte und zu den Formen der Sammeltätigkeit.- Darmstadt: Hess. Landesmuseum

Martin Bodmer (1961)
Vom Sinn des Sammelns. In: 1. Internationaler Bibliophilen-Kongreß München 29.-31.3.1959. Ansprachen und Vorträge.- Berlin: Berliner Bibliophilen Abend, S. 11-14

Carl Jakob Burckhardt, Gedanken über den Sammler. In: Rolf Italiaander (1985), S. 7-8

Hans-Peter Dimke (1991)
Die Signatur des Sammlers. Mit einem Vorwort v. Ana Klose u. Michael Signer..- Braunschweig: Hochschule für Bildende Künste

Ottomar Dommick (1960)
Motive des Sammelns. In: Der weiße Turm 3, 3, 27-28

Adolph Donath (1917)
Psychologie des Kunstsammlers.- Berlin: R. C. Schmidt. 2. Aufl.

Elmar Faber (1995)
Nachwort. In: Der Sammler., hrsg. v. Elmar Faber.- Leipzig: Faber & Faber, S. 41-47

Heinrich Förster (1998)
Sammler und Sammlung oder das Herz in der Schachtel. Ein Brevier nicht nur für Sammler.- Köln: Salon

John Fowles (1964)
Der Sammler. Roman. Aus dem Engl. v. Maria Wolff.- Berlin: Propyläen

Gottfried Fliedl u.a. (Hrsg.) (1997)
Wa(h)re Kunst. Der Museumsshop als Wunderkammer. Theoretische Objekte, Fakes und Souvenirs. Zur Ausstellung im Offenen Kulturhaus des Landes Österreich v. 7.12.1996.-24.1.1997.- Frankfurt/M: Anabas

Franz Glück (1960)
Über das Sammeln. Vortrag in der Arbeitsgemeinschaft Junge Sammler am 30.9.1960. Wien. In: Jutta Bendt (1998), Die Bibliothek Glück. Vorstellung einer Wiener Sammlung. Mit Titelkarten auf Mikrofiche als Beilage.- Marbach a. N.: Deutsche Schillerges., S. 37-43

Johann W. v. Goethe (1799)
Der Sammler und die Seinigen. In: Propyläen. Eine periodische Schrift, 2, 2, S. 26-122

Andreas Grote (1983)
Materialien zur Geschichte des Sammelns. Zwei Vorträge in Israel 1982 & 1983. Berlin: Inst. f. Museumskunde

Andreas Grote (Hrsg.) (1994)
Macrocosmos in Microcosmos. Die Welt in der Stube. Zur Geschichte des Sammelns 1450-1800. - Opladen: Leske und Budrich

Boris Groys (1997)
Logik der Sammlung am Ende des musealen Zeitalters. - München: Hanser

Norbert Hinske (1983)
Sammeln - Kulturtat oder Marotte?.- Trier: Univ. (= Trierer Beiträge 14)

Hans Heinz Holz (1968)
Der Sammler und das Seinige. In: Frankfurter Rundschau v. 16.11., Nr. 268

Rolf Italiaander (1985), Kunstsammler, glückliche Menschen. Erlebnisse mit Künstlern, Bildern, Skulpturen in aller Welt.- Düsseldorf: Droste

Kleine Bettlektüre für den passionierten Sammler.- Bern, München, Wien: Scherz

Erwin Koch u. Christian Popkes (1997)
Haben hilft. Sammler.- In: GEO, 7, S.142 - 154

Rudolf Koch (1959)
Künstler und Sammler (Gedicht). In: Philobiblon 3, S. 195f.

Paula Lambert (1999)
Der Preßschrank von Loch Ness. Die nichts wegwerfen können. Bei den Berliner Anonymen Messies wird jetzt Ordnung gemacht. In: SZ v. 21.5., Nr. 115

Ellen Land-Weber (1980)
The Passionate Collector. With an Introduction by Walter Benjamin, New York: Simon & Schuster

Lothar Lang (1995)
Vom Vergnügen und Nutzen des Sammelns. In: Philobiblon 39, S. 194-199

Klara Löffler (1996)
Die kleinen Freuden des Alltags. In: Michael Rutschky (1996), S. 13-22

Ekkehard Mai u. Peter Paret (Hrsg.) (1993)
Sammler, Stifter und Museen. Kunstförderung in Deutschalnd im 19. Und 20. Jahrhundert.- Köln u. Weimar: Böhlau

Hans-Joachim Müller (1993)
Die Sammler besetzen die Szene. In: DIE ZEIT v. 5.11., Nr. 45

Kuno Müller (1942)
Der Sammler.- In: Du 2, 6, S. 16-26

Werner Muensterberger (1995)
Sammeln eine unbeständige Leidenschaft.

Psychologische Perspektiven. Aus d. Amerik. v. H. Jochen Bußmann.- Berlin: Berlin Verlag

Gerhard Nebel (1960)
Kritik des Museums. In: Der weiße Turm 3, 3, S. 7-9

Christine Orban (1995)
Der Sammler. Roman. Aus d. Franz. v. Christiane Landgrebe.- Berlin: Aufbau

Georg Patzer (1994)
Der Sammler. Fragment.- Karlsruhe: Literarische Ges. (Scheffelbund)

Karl-Josef Pazzini (1997)
Stückchen des Realen. In: Gottfried Fliedl u. a. (1997), S. 57-66

Krzysztof Pomian (1998)
Der Ursprung des Museums. Vom Sammeln.- Berlin: Wagenbach

Willi Reichert (1971)
Die Sammler. In: W. R., Wunderliche Zeitgenossen.- München: Goldmann, S. 107-113 (= Goldmanns Gelbe Taschenbücher 2648)

Adolph Rudolf (1956)
Liebhabereien mit Büchern.- Nürnberg: Glock u. Lutz

Michael Rutschky (Hrsg.) (1996)
Sammeln.- Berlin: Elefanten Press (= Der Alltag 73)

Daniel Salber (1981)
Erfahrung Sammeln. In: Daniel und Wilhelm Salber, 38 Samm-
lunge.- Köln: Kunstverein, S. 18-26

Sammler und Mäzene in Dresden (1957).- Dresden: Geschichts-
verein (= Dresdner Hefte 15, 49)

Wolfgang Schlüter (1993) Walter Benjamin. Der Sammler & das
geschlossene Kästchen. - Darmstadt: Jürgen Häusser

Rolf Schwendter (1996)
Das Sammeln. In: R. Sch., Tag für Tag. Eine Kultur- und Sitten-
geschichte des Alltags.- Hamburg: Europäische VA, S. 230-234

Heinz G. Schwieger (1991)
Sammeln. Ein Stück mehr Leben.- Wiesbaden: Blaue Reihe

Gert Selle und Jutta Boehe (1986)
Leben mit den schönen Dingen. Anpassung und Eigensinn im
Alltag des Wohnens.- Reinbek: Rowohlt

Gert Selle (1997)
Der Sammler. In: G. S., Siebensachen. Ein Buch über die Dinge.- Frankfurt/M.: Campus, S. 64-69

Peter Springer (Hrsg.) (1984a)
Gesammelt in und um Oldenburg. Aspekte der Alltagskultur.
Zur Ausstellung im Oldenburger Kunstverein 8.1.-17.2.1984.-
Oldenburg: Kunstverein

Peter Springer (1984b)
Die gar nicht so toten Dinge.- In: P. Sp. (1984a), S. 7-26

Gerhard Theewen (1996)
Obsession Collection. Gespräche und Texte über das Sammeln
von und mit Jean-Christophe Ammann u. a.- Köln: Salon

Curt Tillmann (1954)
Sammlerglück mit Zeitschriften und Buchumschlägen. Ein
Steckenpferd.- München: Heimeran. 2. Aufl.

Tamara Trautner (Hrsg.) (1997)
Sammeln! Sammeln! Sammeln! Geschichten von einer besitzer-
greifenden Leidenschaft.- Berlin: Aufbau

Heinrich Voigtlaender (1993)
Der Sammler. Phänomen unserer Zeit? Ein Essay.-
Frankfurt/M..: Haag & Herchen

Friedrich Wallisch (o.J.)
Vom Glück des Sammelns.- Nürnberg: Glock & Lutz

Wilhelm Weimar (1980)
Rechtsberater für den Kunstsammler.- München: Keyser

Cornelia Werr (1978)
Illegaler Erwerb, Besitz und Handel von Kunstwerken. Eine kriminologisch-kriminalistische Abhandlung über den Kunstdiebstahl i. w. S. und Konsequenzen für die Strafrechtspflege.- Lübeck: Schmidt-Römhild.

Hubert Wilm (1930)
Kunstsammler und Kunstmarkt. München: Hugo Schmidt

Rudolf zur Lippe (1984)
Sammlungen. Erinnerungen an die Zukunft. In: Peter Springer (1984a), S. 35-41

Stefan Zweig (1927)
Die unsichtbare Sammlung. Eine Episode aus der deutschen Inflation.- Berlin: Ges. d. Bibliophilen

Stefan Zweig (1914)
Die Autographensammlung als Kunstwerk. In: Deutscher Bibliophilen-Kalender für das Jahr 1914, S. 44-50

Für den Sammler:

Die Farbbilder auf dem beigelegten Bogen sind auszuschneiden und auf die entsprechenden schwarz/weiß Abbildungen aufzukleben. So wird aus dem Katalog zur Ausstellung *Hildesheim sammelt* ein Sammelalbum.